# AMULETTES et TALISMANS

## Les grands protecteurs

Éditions Ellébore
5, rue de Charonne, 75011 Paris



Directeur éditorial : Édouard Frison-Roche
Éditrice : Katia Kaloun, assistée de Lucie Bernamont
Création graphique et mise en pages : Charlotte Thomas

Collection Oseleso
ISSN : 2681-3122

ISBN : 979-10-230-0204-1

ose|eso

Geoffrey Bush

# AMULETTES et TALISMANS

## Les grands protecteurs

Ces objets magiques des quatre coins du monde qui nous relient à l'Univers

Ellébore

« Nous savons ce que nous sommes,
mais nous ignorons ce que nous pourrions être. »

William Shakespeare

# SOMMAIRE

permanente entre le monde et nous, entre l'ensemble des entités de cet Univers qui ne cesse de s'étendre à l'infini dans une course folle et nous, les êtres humains ancrés dans une toute petite planète. Et si une relation, un échange d'énergie entre le monde et l'humain, existait ? Et si on la retrouvait au fil de toutes les époques, de toutes les civilisations, sur tous les continents ? Et s'il existait une porosité entre l'Univers et chaque personne sur Terre, une porosité qui pourrait s'amplifier grâce à une pierre, une médaille, une image, un objet de culte, une statuette ou un bracelet qui seraient alors comme autant d'antennes pour recevoir des ondes imperceptibles ? Un objet pourrait relier la Terre au ciel, comme le font les rituels autour de gestes et d'objets dans toutes les religions – un terme dont l'étymologie est « *religere* » : « créer le lien ». Et si certains pouvaient ressentir plus que d'autres la force de ce lien et de son interaction ? L'Univers nous parle, il parle notre langue, celle de *chacun d'entre nous* ; nous sommes en lien avec lui grâce à *quelque chose* qui donne sa force et notre force à un mandala, un mot, une médaille, une statue, un collier ou à une main ouverte ou fermée. Rien n'est dangereux dans cette force interactive si ce qui l'anime est lumineux. L'énergie du monde et sa vibration sont présentes partout : comment s'étonner alors que certains communiquent aisément avec l'Univers grâce à une pierre, un animal ou sous l'effet d'une conjoncture astrale ?

# À LA DÉCOUVERTE DES AMULETTES ET TALISMANS

# QU'EST-CE QU'UNE AMULETTE ?

Du latin *amuletum*, « ce qui écarte », l'amulette préserve d'une maladie ou d'un maléfice et porte chance. Elle est constituée d'un objet auquel on accorde des vertus protectrices : pierre, pièce, dessin, pendentif, bague, plante, une phrase écrite glissée dans un petit sachet, parfois un geste qui s'accompagne d'une parole sacrée. Chaque amulette joue un rôle spécifique, même s'il existe quelques allumettes génériques de l'amour, du voyage du bonheur, du jeu.

Si les amulettes ont pour vocation de protéger la personne qui les porte, cette protection concerne souvent une maladie particulière, et nombre d'amulettes ne peuvent être qu'un objet précis, en fonction du mal visé. Les Égyptiens, par exemple, choisissaient, pour les amulettes concernant la santé, la plante correspondant aux symptômes du patient, selon le grand principe du *similia similibus curantur*, « les semblables soignent les semblables[1] ». Ainsi, une partie du pouvoir des amulettes serait dû aux principes actifs des plantes qui les constituent et à leur diffusion lorsque l'on porte la plante contre soi dans un sachet en tissu. Il en va de même en ce qui concerne les pierres, qui possèdent un rayonnement énergétique spécifique[2].

## Préhistoire et amulettes

Les amulettes datant de l'âge de pierre sont nombreuses. On les trouve dans la plupart des abris des hommes préhistoriques comme dans leurs premières tombes. Elles vont se développer avec l'âge du bronze, puis celui du fer et la civilisation celte. Les haches en pierre polie jouent le rôle d'amulette précieuse au pouvoir surnaturel étendu, dont l'influence s'exerce surtout pour préserver des atteintes de la foudre. Cette hache néolithique, désignée sous le nom de Pierre de tonnerre (*Peiro de troun*), est

1. Un principe inscrit dans le marbre par Hippocrate, père de la médecine, au même titre que celui qui fonde l'allopathie : « Les contraires soignent les contraires. » Le principe de l'homéopathie fonctionne sur la similitude entre ce que la plante engendre comme mal à l'état naturel et les symptômes éprouvés, la diffusion infinitésimale du remède permettant à son corps de réagir au diapason.
2. C'est en s'intéressant notamment aux pratiques d'un mage arabe qu'en 1790, qu'un médecin de Leipzig, Samuel Hahnemann, a « inventé » l'homéopathie, en remettant à jour la théorie oubliée des semblables, après avoir lu le périple d'un jeune Irlandais enlevé par des corsaires au cours d'un voyage en mer et vendu à Alger à un alchimiste qui soignait avec une pierre pilée, le lapillum...

placée soit en haut des cheminées, soit au-dessus du linteau de la porte, soit sous la pierre du seuil.

Colliers de pierre, silex retaillés, pierres trouées, percuteurs montés en amulette, runes inscrites sur des marteaux de pierre, amulettes taillées dans des dolmens, pierres de foudre, marteaux percés, coups de poing et sifflets servent d'amulettes. Vingt-deux mille ans avant notre ère, à l'époque solutréenne, puis magdalénienne, on trouve des *bâtons de commandement*, bâtons de bois de renne percés de larges trous circulaires et ornés de gravures d'animaux ou de lignes irrégulières. Mais c'est en Chaldée, vers la fin du sixième millénaire avant notre ère, que le bronze met fin à l'époque néolithique. Les colliers de perles vont dès lors servir de supports à des amulettes faites le plus souvent en métal, or, argent, cuivre, plomb, étain, antimoine, etc. Si certaines amulettes représentent des animaux, presque tous les bijoux métalliques sont cependant ornés de dessins géométriques et de symboles dont la signification nous échappe toujours.

## Chez les Celtes

Le triskel, triskèle ou triskell est un symbole constitué de trois spirales qui représente les différents mouvements du soleil dans la journée ou, selon les interprétations, le temps : passé, présent et le futur. Les premières représentations de ce motif datent de la période mégalithique.

La croix celtique aurait été introduite lors de la christianisation des Irlandais par saint Patrick au V^e siècle. Il s'agit d'une croix avec des lignes entrelacées qui symbolise le Père, le Fils et le Saint-Esprit pour les chrétiens.

Toujours dans la religion chrétienne, la Triquetra représente la Trinité : Père, Fils et Saint-Esprit. Ce symbole existe aussi dans la culture celtique, où il constitue un talisman contre le mauvais sort et représente le cycle de la vie : l'enfance, la vie d'adulte, la mort.

Le nœud celtique est un symbole utilisé pour être certain de vaincre un adversaire.

Le nœud sans fin symbolise l'amour éternel entre deux personnes et l'interdépendance des choses.

Le nœud de Dara est associé à l'arbre de vie, le chêne, un arbre sacré dans la mythologie celte, il représente la sagesse et la connaissance.

Les *Sheela Na Gig* représentent la fertilité et la Déesse-Mère, ce sont des protections contre le diable et la mort.

La spirale est un motif très présent dans l'art celte qui représente l'évolution de l'Univers et la succession des cycles de la vie.

La patte de lapin, l'un des talismans les plus populaires au monde, existait déjà chez les Celtes, qui considéraient que l'animal tout entier portait chance. Vivant dans un terrier sous la terre, il était en communication directe avec les dieux et les esprits de l'« inframonde ».

## Chez les Babyloniens

Cachet et sceau-cylindre représentent souvent des amulettes protectrices chez les Babyloniens. Sur ces deux objets étaient sculptés et creusés des scènes ou éléments qui ressortaient en relief une fois l'amulette appliquée sur une plaque – d'argile, le plus souvent. Le cachet est un petit élément de forme ovale ou carrée et le sceau-cylindre est un cylindre en pierre ou en argile. Un trou central servait à faire passer une cordelette pour porter l'objet sur soi, autour du cou ou fixé avec des épingles. Le choix des pierres était également très important.

À partir de 2500 avant J.-C., le sceau pouvait comporter une inscription avec le nom de son propriétaire, mais le plus important reste leurs thématiques, qui pouvaient être très variées : luttes d'animaux et banquets, adoration de divinité, paysages.

# Les amulettes des Égyptiens

Le scarabée apparaît sur des hiéroglyphes, des statues et des sculptures depuis l'Égypte antique. On l'associe surtout au dieu Khépri, mais il était aussi lié à Râ, le créateur de l'Univers. Selon les croyances populaires actuelles, son amulette protège contre les maladies et la mort. En Égypte, lorsque la mort survenait, des scarabées étaient placés dans les momies en signe de résurrection.

L'Égypte, avec ses traditions théologiques et mythologiques, a joué un très grand rôle dans la propagation des amulettes : scarabées, ankh, oudjat ou œil d'Horus, amulette de la déesse Isis, scorpion, chat, cobra, grenouille. Pour les anciens Égyptiens, le chat et ses représentations sont sacrés. Ils apportent la paix dans la maison et le bonheur à leur propriétaire. Bastet est une déesse à double visage : sous sa forme de chatte ou de déesse à tête de chat, elle est la déesse bienveillante protectrice de l'humanité, mais aussi une déesse de la musique, de la joie et de l'accouchement.

## L'ankh

L'ankh, ou croix ansée, est le hiéroglyphe signifiant « vie ». Il est aussi appelé croix égyptienne ou croix de vie. Les dieux égyptiens le tiennent par la boucle ou en portent un dans chaque main, bras croisés sur la poitrine.

Souvent porté comme amulette par les Égyptiens, soit seul, soit avec deux autres hiéroglyphes, le sceptre signifiant « force » et un hiéroglyphe symbolisant la santé, l'ankh est l'un des symboles d'Isis chez les Égyptiens et de Marie chez les chrétiens.

## Les crocodiles sacrés du Nil

**« On désigne, par ce terme, une catégorie importante d'objets prophylactiques, dont le type le plus courant représente le dieu Harpocrate, Horus l'enfant, au-dessus de deux crocodiles. »**

---

**J. Quaegebeur, « Divinité égyptiennes sur des animaux dangereux », *Les Cahiers du CEPOA2, L'animal, l'homme, le dieu dans le Proche-Orient ancien*, Louvain, 1985.**

**« La défense talismanique des maisons ou des cités humaines est une conception pharaonique, au même titre que le reste des idées magiques, seulement, elle s'est précisée et entourée d'un merveilleux de plus en plus fantastique à mesure que l'Égypte vieillissait. »**

---

**Gaston Maspero, 1899.**

**« Personne sçait ny ou il est, ny qui l'a fait ny en quel temps. »**

---

**Balthasard de Monconys,**
***Le Voyage en Égypte*, 1647.**

Un talisman empêcherait les crocodiles de nuire dans le delta du Nil en les renversant sur le dos s'ils tentaient de passer. Ce talisman, un crocodile fabriqué jadis par des mages, aurait été enseveli dans le Nil afin que l'animal ne vienne pas de la Haute-Égypte en Basse-Égypte. Le voyageur Ibn Jubayr, passant par le delta en 1183, situe le talisman à Jîza, près des pyramides et du sphinx ; d'autres pensent qu'il se situerait à hauteur de Fustât ou encore à Memphis.

Les Égyptiens, à l'époque, portaient un phylactère sur eux ou le plaçaient dans leurs demeures, car la représentation de l'animal redouté suffirait à le neutraliser. Ces figurines en bois, pierre ou métal étaient censées recevoir l'influence des corps célestes.

## Le tyet

Le tyet, ou nœud d'Isis, ressemble à l'ankh, mais ses boucles latérales vont vers le bas, comme deux bras ramenés le long du corps. Cette amulette funéraire, selon le *Livre des Morts*[3], est confectionnée en jaspe rouge, mais on en trouve également en bois, en pierre ou en faïence peints en rouge, symbole du sang d'Isis. L'amulette est suspendue au cou de la momie afin d'inciter la déesse Isis et son fils, le dieu Horus, à protéger le corps momifié.

3. Le *Livre des morts* des anciens Égyptiens ou *Livre pour sortir au jour* est constitué de rouleaux de papyrus recouverts de formules funéraires et placés à proximité de la momie ou dans ses bandelettes, afin de l'aider à passer dans l'Autre monde.

## Galien et l'amulette de Chnoubis, exemple emblématique

**« Il y a des gens pour témoigner d'une qualité particulière de certaines pierres, que possède effectivement le jaspe vert, qui, porté en amulette, fait du bien à l'estomac et à la bouche du ventre. Certains aussi le font monter en bague et y font graver le serpent aux rayons, exactement comme l'a prescrit le roi Néchepso dans son quatorzième livre. J'ai moi-même une preuve valable de l'efficacité de cette pierre : j'ai fait faire un collier de petites pierres de cette sorte, je me le suis passé au cou, en lui donnant une longueur telle que les pierres me touchent la bouche du ventre. Elles se sont montrées tout à fait efficaces, bien que n'y ait pas figuré le motif voulu par Néchepso. »**

**Galien, *De simplicium medicamentorum temperamentis et facultatibus*.**

Galien, parmi les plus célèbres médecins de l'Antiquité, dont la réputation est parvenue jusqu'à nos jours, est né à Pergame en Asie Mineure en l'an 129 et a exercé auprès de plusieurs empereurs romains. Il s'interroge, dans ses ouvrages, sur le rôle des amulettes et constate leur efficacité lorsqu'elles contiennent des plantes ou des pierres. Il décrit notamment une amulette très répandue du dieu Chnoubis, dieu serpent à tête de lion rayonnante. Une amulette dont le pharaon Néchepso parlait déjà au VIIe siècle avant J.-C., la popularité de Chnoubis existant bien avant l'Antiquité, et de nombreux bracelets byzantins étant déjà décorés de l'image du dieu. Cette amulette, constituée d'une pierre de forme lisse et arrondie, gravée du dieu, est entourée de figures géométriques, de lettres grecques et de signes destinés à nouer avec le dieu un lien de sympathie. Chnoubis[4] serait la transcription grecque de deux divinités égyptiennes, Khnoum, le dieu créateur à tête de bélier, et Kenmet, qui appartient au groupe des décans égyptiens de l'Ancien Empire[5].

## Chez les Phéniciens

Les Phéniciens possédaient souvent un petit rouleau à l'intérieur d'un étui, destiné à protéger une personne ou des maisons et contenant les mots « garde » et « protège ». Ces amulettes étaient suspendues au cou. Des dédicaces à Ashtart ou Astarté, grande divinité phénicienne de la fertilité – elle était surnommée *Oum* (« mère ») en Tunisie –, ont été retrouvées. Cette pratique a eu cours du IXe au début du Ve siècle avant notre ère.

4. Le nom du dieu se compose de lettres dont la valeur numérologique serait en lien avec le chiffre sacré correspondant au Tetragrammaton, YHWH.
5. Les prêtres égyptiens utilisaient, en effet, à l'époque, le lever des étoiles à l'horizon pour mesurer le temps, et dix étoiles avaient été choisies par décades, le calendrier comptant 36 décades, soit 360 jours auxquels on ajoutait cinq jours, les épagomènes.

## Chez les Carthaginois

Astarté est devenue Tanit chez les Carthaginois. Le signe de Tanit a été retrouvé sur des bijoux. C'est un trapèze posé sur sa base la plus large et surmonté d'une ligne horizontale sur laquelle est posé un cercle ; il pourrait représenter une personne priant les bras levés vers le ciel. Il était porté en amulette.

## Chez les Grecs

Pour les Grecs, les amulettes éloignent le malheur.

> **« Cet objet se compose d'un anneau de bronze auquel sont suspendus neuf menus objets. On peut y reconnaître, entre autres, le soleil, le croissant lunaire, une main et quatre clous. La main surtout doit être remarquée. Il ne s'agit pas de ces mains votives comme on en rencontre assez souvent dans les sanctuaires gallo-romains (chez les Lingons, par exemple, à Yertault, à Essarois, aux sources delà Seine). Il s'agit d'une main-amulette, fort probablement un fétiche. »**
>
> **M. le chanoine Drioux, *Bulletin de la Société nationale des Antiquaires de France*, 1948.**

L'amulette établit un lien entre celui qui la porte et la représentation de la divinité qui y figure et dont on attend un secours, une protection ; c'est pourquoi on retrouve souvent sur ces amulettes Asclépios, Héraclès ou Aphrodite, Némésis, Hécate...

Dauphins, œil bleu, blé... Les amulettes protègent les êtres, les maisons et les bateaux. Tout comme leurs voisins les Mésopotamiens, les Égyptiens, les Phéniciens, les Hébreux, les Étrusques et les Romains, les Grecs utilisent des pierres précieuses, notamment l'hématite, le lapis-lazuli, ainsi que des jaspes de trois couleurs différentes. Ces amulettes, souvent de provenance égyptienne ou syrienne, prennent la forme de pendentifs, anneaux, bracelets ou phylactères, etc. Faites de bronze, d'argent et d'or, elles sont gravées de scènes mythologiques ou, pour les phylactères, formées de parchemins contenus dans des tubes de métal. Leur protection agit contre les serpents, les scorpions...

L'usage des amulettes en Grèce est ancestral et se reflète dans la sculpture, comme sur les vases, où les femmes sont parées de pendentifs, bagues et bracelets et portent également de jolis rubans autour du cou, du bras ou de la cuisse, garnis de petits objets. L'usage de pendentifs phalliques et de clochettes éloignant les mauvais esprits est également répandu, ainsi que la représentation d'animaux liés à des symboles comme la fourmi – l'abondance – ou le lézard – l'œil.

## Les *Ephesia grammata*

Pausanias, un grammairien vivant à Rome au IIe siècle, nous décrit les *Ephesia grammata* gravées à l'origine sur les pieds, la ceinture et la couronne de la déesse Artémis dans son temple à Éphèse. Ces formules d'Éphèse, au nombre de six, étaient portées en amulettes autour du cou dans un petit sac en cuir cousu et avaient pour fonction de prévenir ou d'éloigner le malheur. Anaxilas, un poète grec du IVe siècle avant J.-C., les mentionne également. Ces *Ephesia grammata* qu'on invoque aussi oralement mais dont nul ne connaît le sens constituaient l'une des plus fameuses formules magiques de l'Antiquité : « *Askion, kataskion, lix, tetrax, damnameneus, aision* [ou *aisia*]. »

## L'anneau de Gygès et le *daimôn* de Socrate

Avec le mythe de Gygès et son anneau magique qui rend invisible à volonté, Platon a conforté l'idée d'un homme en conversation permanente avec d'autres entités. Socrate en fit de même avec son *daimôn*, perché sur son épaule, qui lui confie des vérités essentielles.

## Une amulette byzantine

> **« Dans la partie supérieure du champ, les symboles du soleil et de la lune. [...] À la partie inférieure, les sept voyelles [...] grecques familières aux gnostiques, qui lui attribuaient une vertu secrète [...]**

**en relation avec les sept planètes et avec les sons musicaux de l'heptacorde ; dans les textes magiques des papyri, elles jouent un rôle musical considérable.**

**En haut, dans un cartouche à queue-d'aronde, deux lignes de lettres ou sigles incompréhensibles. Au-dessous du cartouche, deux autres lignes commençant par IΩ et finissant par XENΩ, le reste illisible. La première de ces deux lignes est placée entre deux carrés qui, je pense, offraient de nouveau les symboles du soleil et de la lune. »**

---

**J. Gottwald, *Revue des études byzantines*, n° 53, 1905, p. 240.**

De nombreuses médailles en plomb destinées à être suspendues au cou ont été retrouvées en Grèce en provenance de Byzance. Elles paraissent dédiées à des maladies particulières et sont gravées de caractères incompréhensibles.

## Chez les Hébreux

**« Tu les écriras [les commandements] sur les montants de porte de ta maison et sur tes portes monumentales. »**

---

**Deutéronome VI, 9.**

L'*Ourim* et le *Thoummim* sont généralement considérés comme des objets ayant trait à l'art de la divination présents dans les rituels. Le mot « *Ourim* » signifie « lumières », et « *Thoummim* », « perfections » ou « vérité ». Les *théraphim* cités dans plusieurs passages de la Bible sont des sortes d'idoles de forme humaine que l'on consulte et dont les réponses ont valeur d'oracle, mais qui sont considérées comme des abominations.

*Tefillins, Mezuzoth,* carrés magiques, Clavicule de Salomon, Étoile de David, Main de Hamesh, fil rouge... Dans le judaïsme, le « *tefillin* » correspond à l'hébreu **תפילין**, utilisé dans l'Ancien Testament. Il se présente comme une petite boîte cubique de cuir contenant des bandes de parchemin sur lesquelles sont inscrits des versets de la Torah que les juifs attachent par des lanières de cuir à leur bras gauche – lié au cœur – ou mettent sur le front – lié à l'esprit – pendant la prière du matin, sauf le jour du sabbat et les jours de fête.

**« Écoute, Israël ! L'Éternel, notre Dieu, est le seul Éternel. Tu aimeras l'Éternel, ton Dieu, de tout ton cœur, de toute ton âme et de toute ta force. Et ces commandements, que je te donne aujourd'hui, seront dans ton cœur. Tu les inculqueras à tes enfants, et tu en parleras quand tu seras dans ta maison, quand tu iras en voyage, quand tu te coucheras et quand tu te lèveras. Tu les lieras comme un signe sur tes mains,**

**et ils seront comme des fronteaux entre tes yeux. Tu les écriras sur les poteaux de ta maison et sur tes portes. »**

---

**Trois versets du Deutéronome, *chema Israël* (VI, 6), *vehajah im chamoa* (XI, 13) et *vehajah ki jebiaka* (VI, 10).**

La *mezouzah*, petite capsule oblongue, est attachée au chambranle de la porte de l'appartement et au cou des enfants. Elle contient un petit morceau de parchemin où sont écrits, d'un côté, les trois mêmes passages du Deutéronome et, au verso, trois mots cryptographiques. En changeant, dans ces trois mots, la valeur des lettres, on obtient « Yahvé, Elohenou, Yahvé », noms divins qui figurent dans le verset commençant par *chema Israël*.

## Chez les Étrusques

Les proto-Étrusques (X[e] à XIIe siècle avant J.-C.) enterraient déjà leurs défunts avec des parures et amulettes, colliers ornés de divinités. Les artisans étrusques – et notamment les orfèvres –, pendant le premier millénaire de notre ère, sont réputés et leur production inégalée.

L'*higa* représente à la fois les organes génitaux féminins et un signe de fertilité. La *bulla*, elle, est une amulette spécifiquement étrusque. En or pour les riches, en cuir pour les pauvres, elle contenait des amulettes protectrices pour écarter les mauvais esprits. Les adultes la portent jusqu'au Vᵉ siècle avant notre ère, puis elle devient l'apanage des enfants. Tarquin l'Ancien, premier roi romain d'origine étrusque, au VIIᵉ siècle avant notre ère, aurait, selon Pline l'Ancien, donné une bulle d'or à son fils pour l'honorer, après l'avoir vu tuer un ennemi lors d'un combat contre les Sabins : « *et bulla aurea donavit.* » La *bulla* est aussi liée à l'emmaillotement des enfants, moment symbolique du passage de l'état fœtal à l'humanité. En Étrurie, la *bulla* symbolise le passage à la virilité, quand chez les Romains, elle symbolise une marque de citoyenneté, mais est avant tout protectrice. L'objet est creux, bivalve, à décor estampé et on y place les amulettes.

Seuls les enfants romains nés libres pouvaient la porter ; les garçons l'enlevaient à l'âge de dix-sept ans, et les filles lorsqu'elles se mariaient. L'amulette, encore aujourd'hui, fait partie des cadeaux qu'on offre à une future maman pour rassurer son bébé grâce au grelot qu'elle contient.

# Chez les Romains

## La *mano fica*

Depuis l'Antiquité, pour les Italiens, la *mano fica* – la figue – représente le sexe féminin, pouce glissé entre l'index et le majeur. Ce geste est devenu un geste de protection contre le mauvais œil ; il s'agit peut-être du vestige d'un geste sacré. Ses représentations accompagnent l'extension de l'Empire romain, si bien que d'innombrables amulettes porte-bonheur retrouvées dans des fouilles attestent de l'usage familier de ce signe.

## L'amulette d'Argentomagus et les tablettes magiques de défixions

Argentomagus est un oppidum celte situé dans l'Indre et occupé longtemps par les Romains où ont été trouvés nombre de papyrus et pierres magiques, ainsi que des amulettes phalliques porte-bonheur et une amulette égyptienne constituée d'une petite boîte formée de deux feuilles de bronze destinées à contenir sa formule magique.

Ont été également exhumées des tablettes magiques dont de nombreuses *tablettes de défixions*[6] chargées, quant à elles, de très mauvaises intentions.

## Pendentifs et amulettes dans la Rome antique

On trouve aussi de très nombreux pendentifs avec des représentations phalliques, symbole de virilité et de fécondité : attachés au cou ou à la ceinture, ils attirent la

---

6. Le terme *defixio* signifie littéralement « clouer », « fixer en bas », « transpercer ». Les tablettes de *defixio* sont constituées de petits textes gravés sur une mince feuille de plomb et reprenant des formules incantatoires d'envoûtement qui visent à nuire. Pline l'Ancien, dans son *Histoire naturelle*, rapporte au Ier siècle que tous les Romains redoutaient d'être envoutés par ces incantations maléfiques.

bonne fortune et écartent le malheur et le mauvais œil. Ils sont souvent accompagnés d'une clochette au bout de la chaînette.

Ces clochettes ou tintinnabula éloignent aussi les mauvais esprits. Elles étaient accrochées au plafond dans les boutiques pour influencer heureusement les affaires et éloigner le mauvais œil.

L'on a aussi retrouvé, en Égypte, des anneaux du mariage, porteur d'un gage d'amour éternel, datant de plus de six mille ans : les Égyptiens y voyaient un symbole fort. Porter l'anneau à l'annulaire de la main gauche relèverait d'un lien, la *vena amoris,* reliant ce doigt directement au cœur. Les Romains et les Grecs y voyaient un gage de fidélité.

## Chez les Mérovingiens

Une touffe de cheveux humains enfermée dans un sachet constituait un talisman puissant, mais les amulettes les plus fréquentes étaient d'origine animale : médaillons en bois de cervidé, défenses de sanglier, dents d'ours, de castor, de loup, de bœuf, pattes de castor montées en pendentifs, squelettes de petits animaux, d'oiseaux, de petits rongeurs, de poissons.

On dispose aussi, autour d'un mort, des coquillages fossiles ou naturels, surtout des limaçons, ou bien des porcelaines dans les tombes féminines, comme symboles de fécondité. Dans ces sépultures mérovingiennes, on trouve aussi des pierres taillées préhistoriques, des bâtons porte-bonheur faits d'ambre ou de grès, des boules magiques en cristal, hématite, calcédoine ou topaze... Les amulettes sont aussi constituées de vêtements de parure, de clous de girofle, de feuilles diverses conservées dans de petits vases métalliques ou encore de baguettes de coudrier.

## Chez les Arabes et les Berbères

Sourates du Coran, main de Fatima, papiers à boire, talisman d'Andarow, Djedouil, calcédoine, carrés magiques, cheval portant une marque blanche sur la patte avant droite ou un sillon dans le cou, cornaline, nœud, pierres précieuses, tatouages, terre provenant de La Mecque ou effigies vertes peuvent représenter autant de signes protecteurs.

### La main de Fatima

La main de Fatima ou *Khamsa* (« cinq ») est un symbole traditionnel des cultures musulmanes et juives séfarades. L'amulette connue sous le nom de « la main de Dieu » existe depuis l'Antiquité et est apparue dans l'iconographie juive dès 224 avant J.-C., sur les fresques pariétales de la synagogue de Doura Europos. Cette main protège du mal en le retenant avec la paume, elle prévient les maladies et porte chance.

**« Dans certaines tribus berbères, le septième jour après la naissance, jour de l'imposition du nom, le père de l'enfant demande au taleb d'écrire des amulettes : sept pour un garçon, six pour une fille. Deux de ces écrits sont noués dans un chiffon noir et attachés dans la chevelure de la mère. Les autres sont enfermés dans un sachet de cotonnade noire qui ne quitte pas l'enfant, sachet qui contient également le cordon ombilical, des petits cailloux de sel récemment rapportés de la sebkha, des feuilles et graines de tabellat (*Peganum harmela*), des fragments d'écorce de grenade et des dattes. Le sel et le tabellat écartent les djinns. L'écorce de grenade joue un rôle dans la symbolique de fécondité. Les dattes, synonymes d'abondance, de prospérité, de multiplicité, véhiculent une force bénéfique. La veille du quarantième jour, les femmes amies se réunissent dans la maison de la naissance pour préparer le collier dénommé "*haziu n-kafo*" (*haziu* : amulettes, de l'arabe *harz* ; *kafo* : corde en belbali).**

**À la plus âgée de ces femmes, la plus vénérable, autant que possible de souche maraboutique, revient le soin de coudre les écrits du taleb à l'intérieur de petits sachets de cuir rectangulaires : filali rouge importé si la famille est aisée, simples petits morceaux de peau de chèvre ou de gazelle**

**tannés et teints en rouge à la maison si la famille est modeste. [...] Il faut veiller à ne point piquer l'écrit en même temps que le cuir sous peine d'en neutraliser l'effet. [...] Quatre des amulettes gainées de cuir sont placées parmi les perles et les éléments prophylactiques de *haziu n-kafo*, de part et d'autre de l'élément central *hamuysa* aux cinq cauris accompagnés ou non de perles rouges figurant du corail. Deux autres accompagneront *taydfort́*, deuxième collier, spécifique du dernier né de la famille, porté jusqu'à la naissance suivante qu'il est censé appeler, sinon susciter. [...] Les garçons porteront la septième amulette au majeur de la main droite, comme une bague, jusqu'au moment où s'éveille en eux le sens de la préhension. Cette amulette sera alors fixée au bras droit, à hauteur du biceps par un lien de laine blanc et noir. Quand l'enfant commencera à se dresser sur ses jambes, elle sera fixée au *takudds*, mèche de cheveux réservée par le rasoir sur le sommet ou sur l'un des côtés de la tête. Dès que les colliers sont prêts, on les passe au cou de l'enfant. »**

---

**Dominique Champault, *Un collier d'enfant du Sahara algéro-marocain*, 1956.**

Dans les pays du Maghreb, on pend parfois à des arbres vénérés liés au souvenir d'un saint personnage ou marabout des morceaux d'étoffe qui représentent autant d'*ex-voto*. Les amulettes arabes, en général, reposent sur une tradition qui précède l'islam et que la religion musulmane a perpétuée. Ces amulettes diffèrent en fonction de leur objet et sont placées dans des sachets de cuir ou de toile cousus de fil jaune ou vert. Elles servent à combattre les maladies, à conjurer les mauvais sorts et à préserver du mauvais œil. On les porte autour du cou, dans ses vêtements ou sur les parties malades du corps. Ces sachets, lettres et formules magiques destinés à éloigner les esprits qui ont provoqué le mal, sont couverts de signes mystérieux.

On retrouve également des colliers de clous de girofle et de graines aromatiques, que les femmes ornent quelquefois d'ambre, de verre, d'émail ou de corail et utilisent comme parures.

Ces amulettes ne doivent surtout pas être dévoilées devant un incroyant : leurs caractères sont sacrés et leur lecture réservée aux initiés. Les croyants, lorsqu'ils les égarent, offrent une bougie au marabout qui les a fabriquées.

Les amulettes *Hourze* guérissent les maladies et contiennent parfois de la terre provenant de la tombe d'un marabout accompagné de benjoin ou de musc et d'un verset du Coran. L'amulette *Djedouil* préserve des maladies contagieuses et du mauvais œil et porte, gravées sur le cuir, des figures magiques en forme de rectangles et d'étoiles. L'amulette *Tehellil* est constituée par des versets choisis parmi les versets les plus efficaces du Coran, invocations qui attirent sur leur porteur des grâces divines. Elle rendrait invulnérable celui ou celle qui la possède et protègerait les pèlerins en voyage des coups de feu comme des mauvais sorts.

## Les versets du Coran

Parmi les versets du Coran utilisés pour confectionner ces amulettes, on retrouve, par exemple :

**« Dis : Je cherche un refuge, un protecteur**
**auprès du Seigneur de l'Aube du jour.**
**Contre la méchanceté des êtres qu'il a créés.**
**Contre le mal de la nuit sombre**
**quand elle nous surprend.**
**Contre la méchanceté de celles qui soufflent**
**sur les nœuds.**
**Contre le mal de l'envieux qui nous porte envie. »**

---

**Sourate CXIII, L'Aube du jour.**

**« Dis : Je cherche un refuge auprès**
**du Seigneur des Hommes.**
**Roi des Hommes.**
**Dieu des Hommes.**
**Contre la méchanceté de celui qui suggère**
**les mauvaises actions et se dérobe.**
**Qui souffle le mal dans les cœurs des Hommes.**
**Contre les génies et contre les Hommes. »**

---

**Sourate CXIV, Les Hommes.**

**«Je cherche un refuge auprès de Dieu contre Satan le lapidé. »**

---

**Sourate XVI, verset 100.**

(Ce texte prémunit contre le danger de prononcer des blasphèmes. On la prononce avant la prière pour écarter le diable.)

**« Dis : Seigneur, je cherche un refuge auprès de toi contre les suggestions des démons. Je me réfugie vers toi afin qu'ils n'aient aucun accès auprès de moi. »**

---

**Sourate XXIII, versets 100 et 101.**

## Les tatouages berbères

Dans certaines tribus berbères, les femmes ont eu longtemps sur le visage des tatouages constituant autant de talismans de protection. Il s'agissait de se protéger des mauvais esprits «*Jnoun* ». Le nom des tatouages berbères est *Jedwel* qui signifie « talisman ». Un de ces tatouages, *Siyala*, se situe sur le menton et consiste en une ligne droite du bas de la lèvre au bas du menton accompagnée parfois de points représentant les graines d'un palmier. Un autre tatouage, *Ghezama*, placé entre les sourcils, est connu comme « *el–ayach* », le porte-bonheur. Un arbre représente la force ; les graines, la fertilité ; la grenouille et l'araignée la fertilité et les rites magiques ; les serpents, le phallus, la fertilité et la guérison ; les arêtes, l'eau, la prospérité et la fertilité ; le lézard, la renaissance et la lumière ; les mouches et les abeilles, la ténacité et l'énergie ; les losanges, la protection de l'espace personnel ; la main de Fatima, une protection contre le mauvais œil. Tous ces signes sont destinés à se protéger des menaces invisibles.

## Chez les chrétiens

Tout ce qui relève du surnaturel a longtemps été suspicieux aux yeux de l'Église, car cela renvoyait à d'anciennes traditions que la religion chrétienne tentait de supplanter, notamment à des coutumes celtes et orientales. Mais le clergé a fini par admettre l'importance de ces traditions et par reconnaître l'efficacité de certaines de ces pratiques. La position de l'Église est restée ambiguë, ces pratiques étaient dangereuses pour le salut de l'âme qui pouvait se perdre en chemin, mais utiles pour la santé, à la condition d'avoir la foi. Les clercs ont, dès lors, servi de relais dans la transmission de formules et de pratiques et largement contribué, aux XII^e^ et XIII^e^ siècles, à diffuser en Occident chrétien les écrits de l'Orient et à répertorier les coutumes païennes existantes. Si, au Moyen Âge, une créature de Dieu ne doit pas chercher par des « moyens illicites » la faveur des puissants, et si on se méfie des mauvais anges et des devins qui entrent en contact avec eux, l'Église va rapidement assimiler rites celtes et pratiques orientales en termes de santé.

Les recettes magiques ou *experimenta* vont se christianiser jusqu'à comporter des invocations au Christ, à Marie où à la Trinité dans la plupart des charmes transcrits en latin comme en langue vulgaire dans les manuscrits du XII^e au XV^e siècle, et à être accompagnées de prières très chrétiennes. Les chapelets, médailles et images saintes vont prendre insidieusement la place des amulettes anciennes pour aider à soigner une maladie avec un rôle similaire contre les forces démoniaques. Ils seront considérés comme relevant d'un lien fort avec le Ciel. Les images pieuses des saints seront accompagnées de prières, et chaque saint se verra doté de pouvoirs bien précis.

On parle aussi de charmes (*carmina*) censés recréer, réactualiser un lien sacré, grâce à la puissance d'une formule ou d'une image ; la force symbolique de la formule se charge alors de la force du saint auquel on s'adresse.

Les brefs sont écrits sur du parchemin, du plomb, du papier, on y retrouve les noms de Dieu, des anges, des sept dormants d'Éphèse, des Rois Mages… « Bref » donnera « brèves », lui-même à l'origine de « brief », puis de « brevet » au XII^e siècle.

Les pèlerins rapportent de leurs voyages des enseignes, constituées de petites plaquettes de plomb et d'étain des sanctuaires, ils les fixent sur leurs vêtements ou les cousent dans des livres d'heures.

### *Agnus dei*

La tradition donne aux *agnus dei* des origines très anciennes. Ces objets de dévotion se présentent sous la forme de petits médaillons d'une cire blanche provenant du cierge pascal. Une bulle du pape de mars 1470 lui réserve, pour éviter tout trafic, le droit de faire confectionner, bénir et consacrer ces objets, exclusivité qui passera par la suite aux moines cisterciens. Le pape plonge les *agnus dei* dans un grand vase rempli d'eau mélangée de baume et de saint chrême, une huile sainte parfumée, et, après les avoir bénis, les retire avec une grande passoire. Paul VI, en 1964, sera le dernier à en confectionner. Les *agnus dei* étaient distribués à Pâques aux cardinaux, aux évêques, à des fidèles et à des religieux. Ils avaient le pouvoir d'éradiquer le péché, de faire grandir la vertu et protégeaient du feu et de l'eau, ainsi que les femmes enceintes.

## Les reliquaires

Les reliquaires, censés contenir des reliques, étaient portés en pendentifs ou broches attachés à l'étoffe des vêtements et avaient des vertus miraculeuses. Les reliquaires personnels pouvaient être très sophistiqués. Le bijou-reliquaire de la Sainte Épine, par exemple, se présente sous la forme d'une petite boîte de forme ovale recouverte d'un feuillet de parchemin décoré de la scène de la Nativité et de trois feuilles d'or émaillées représentant la Vierge à l'enfant ainsi que la descente de croix et la crucifixion. Les reliquaires pouvaient aussi prendre la forme d'un petit tableau – une plaque émaillée avec l'image de sainte Catherine, par exemple – dont le revers, recouvert d'une plaque de cristal, contenait la relique.

## Les images de dévotion

Du XIIIe au XVe siècle, les images de dévotion et les petites statues se répandent à la fois comme objets de piété et outil de guérison. L'image pieuse jouera peu à peu le même rôle que les reliques : on la pose sur la partie du corps malade en invoquant le nom du saint, dont certains rencontrent, tel saint Christophe, un franc succès. Les formules de guérison apposées à un saint sont également très prisées, comme les formules des coupeurs de feu invoquant saint Laurent[7] :

**« Par trois fois différentes, soufflez sur la brûlure en forme de croix tout en disant :**

7. Coupeurs de feu auxquels des médecins font d'ailleurs encore aujourd'hui appel dans des hôpitaux et qui récitent les mêmes prières.

**Ô grand saint Laurent**
**Sur un brasier ardent**
**Tournant et retournant**
**Vous n'étiez pas souffrant :**
**Ah ! faites-moi la grâce**
**Que cette ardeur passe,**
**Au nom du Père, du Fils, et du Saint-Esprit.**
**Ainsi soit-il ! »**

Ces images pieuses vont longtemps garder leur pouvoir et leur rôle de transmission d'un message à un saint. Les communions et baptêmes seront associés à ces images jusqu'au XX$^{e}$ siècle inclus.

## Les phylactères

Les phylactères, étymologiquement « ce qui sert à garder, à protéger du mal », sont des amulettes contenant des sentences inscrites sur des bandes de parchemin. Le mot *phylacterium* est devenu synonyme à la fois de talisman, de charme, d'amulette et de reliquaire. L'usage des phylactères de protection remonte à l'Antiquité. L'Inquisition du XIII$^{e}$ siècle les condamnera, tout comme Thomas d'Aquin dans sa *Somme théologique.* Il exclura « toutes les incantations ou les écritures » lorsqu'elles comportent « l'inscription de caractères, en dehors de la croix du Christ ».

## Les anneaux protecteurs

On a retrouvé de nombreuses bagues gravées du verset : « *Iesus autem transiens per medium illorum ibat* » (Luc IV, 30), « Mais Jésus, passant au milieu d'eux, s'en alla. » D'autres bagues ornées de pierres protègent contre les maladies, sur lesquelles on trouve le verset : « *Et verbum caro factum est* », « Et le verbe s'est fait chair »... L'une des plus célèbres bagues-amulettes a été trouvée à Coventry et porte une représentation du Christ sortant du tombeau avec les instruments de sa Passion et les symboles de ses cinq plaies, associées chacune à un puits : Pitié, Miséricorde, Réconfort, Grâce et Vie éternelle. De nombreuses bagues sont ornées d'une représentation de la Vierge et des saints.

En Angleterre, de 1307 à 1327, sous le règne d'Édouard II, un cérémonial royal avait lieu chaque Vendredi saint, afin de bénir des *cramp-rings*, anneaux médicinaux censés soulager les crampes, les spasmes et l'épilepsie.

## L'amulette de Blaise Pascal

Blaise Pascal, l'homme qui inventa la première machine à calculer, philosophe, mathématicien exceptionnel qui vivait au XVII$^{e}$ siècle portait, à la suite d'une *illumination* éprouvée une nuit, une amulette qu'il cousait, et recousait à chaque fois qu'il en changeait, dans la doublure de son manteau, et sur laquelle il avait écrit :

**« Joie joie joie et pleurs de joie, *non obliviscar sermones tuos*, ne pas oublier tes paroles. »**

---

**Abbé Pierrot, *Dictionnaire de théologie morale,* 1848.**

Pourtant, dans le *Dictionnaire de théologie morale présentant un exposé complet de la morale chrétienne, contenant une règle de conduite pour les principales circonstances de la vie* publié en 1848 par l'Abbé Pierrot, on lit à l'article « amulette » :

**« Amulette, image, caractère, remède et généralement toute matière consacrée par la superstition, et que l'on porte sur soi comme des préservatifs d'accidents, de maladies et autres malheurs. La dévotion aux amulettes est fort accréditée en Orient ; elle ne l'est pas moins en Europe, parmi les sots et les faibles : et l'on ne peut nier que ce ne soit à la honte de la raison et du christianisme. L'Église a condamné de tout temps, et condamne toutes les pratiques superstitieuses qui consistent à porter sur soi certaines plaques ou médailles, certaines ligatures, certaines figures, certaines herbes, qui n'ont aucune vertu par elles-mêmes, et dont l'application est plus ou moins mystérieuse, ou se fait en prononçant certaines paroles. »**

Sont donc apparemment condamnées par l'Église les façons de guérir qui semblent surnaturelles, auxquelles s'ajoutent « les prétendus secrets de famille, remèdes qui guérissent en les appliquant tel jour, tel mois, à telle heure, sur telle ou telle partie qui n'a point de rapport avec le siège du mal, et dont on ne peut rendre aucune raison naturelle ». L'abbé condamne toute espèce d'amulette et superstition en usage parmi le peuple et en énumère quelques-unes choisies à dessein parmi les plus absurdes :

**« Garder des morceaux de pain béni des trois messes de Noël, et en prendre pour remède contre diverses maladies.**

**Faire passer par un écheveau de fil les personnes qui sont malades de la colique, et celles qui ont des descentes de boyaux.**

**Faire durcir un œuf au feu, et le mettre dans une fourmilière, afin de guérir de la jaunisse.**

**Ficher des épingles dans le suaire d'un mort, porter sur soi ou une dent de loup, ou l'œil droit d'un loup, après l'avoir fait sécher, afin de n'avoir point de peur.**

**Prendre une branche de prunier, et l'attacher à la cheminée, afin qu'elle sèche, pour guérir du mal de gorge.**

**Écrire, ainsi que quelques bergers et quelques porchers le pratiquent, sur un billet le nom de S. Basile, et attacher ce billet au haut d'une houlette**

**ou d'un bâton, pour empêcher que les loups ne fassent aucun mal aux brebis et aux porcs.**

**Arrêter le sang qui coule du nez en écrivant avec le sang sur le milieu du front de la personne qui saigne,** ***consummatum est…*** **»**

Les amulettes et leurs pouvoirs continuent pourtant à se transmettre et, dans les campagnes chrétiennes, on les préférera longtemps au médecin, d'autant qu'elles ont un double rôle, elles soignent mais protègent aussi.

Quand il ne s'agissait pas d'une transmission familiale, les guérisseuses et guérisseurs qui les fabriquaient ou les conseillaient, ceux qu'on appelle les « rebouteux », ont conservé précieusement une tradition orale fondée sur la coutume, l'observation et l'expérience.

# QU'EST-CE QU'UN TALISMAN ?

**« Le mot talisman, du chaldéen *Tilsmen*, pris dans son acception la plus étendue, désigne tout objet, toute formule ou parole possédant les vertus imaginaires de préserver de tous les malheurs, de faire obtenir tout ce que l'on désire et même de réaliser tout ce que l'on veut, le bien et le mal. »**

**Auguste Debay, *Histoire des sciences occultes depuis l'Antiquité jusqu'à nos jours*, 1860.**

Le mot *talisman*, viendrait soit de *tilasmun*, « image magique » en arabe, soit du grec *telesma* qui signifie « accomplir ». Certains pensent qu'il trouve ses sources lointaines dans la civilisation chaldéenne qui domina, des siècles durant, la Mésopotamie et la Syrie ; d'autres considèrent que ses origines sont plus lointaines encore.

Si les *enseignes* chrétiennes sont souvent des amulettes destinées à se protéger, à solliciter une protection céleste, le talisman a, quant à lui, un rôle plus offensif et donne à celui qui le détient une puissance quasi surnaturelle.

Il a un rôle actif quand l'amulette ne vise qu'une simple protection.

## Le talisman est un objet de pouvoir

**« En voici pourtant un, que de vieux talismans**
**Firent chercher fortune au pays des romans. »**

**Jean de La Fontaine, « Les Deux Aventuriers et le Talisman », *Fables*, Livre X, 1678.**

**« Ne craignez ni les éclipses, ni les signes formés sur les mains ou sur le visage, ni les images nommées talismans, imprégnées de vertus célestes. »**

**Jacques-Bénigne Bossuet, *Politique tirée des propres paroles de l'Écriture sainte*, 1670-1709.**

Un talisman est un objet préparé la plupart du temps selon un rituel très précis qui lui confère un rôle magique et protecteur spécifique : réussite sociale et financière, fécondité, prévention et soins, sexualité… Il est constitué de différents matériaux, confectionné sur mesure et souvent lié à l'astrologie. Un talisman répond à un souci, une angoisse, il résout un problème particulier ; voilà pourquoi le demandeur s'adresse, pour le fabriquer, à un *homme de l'Art*, doté d'un pouvoir particulier, comme les marabouts ou sorciers en Afrique, les chamanes dans les Amériques ou en pays mongol, les lamas, les bonzes ou les gurus en Asie. Le talisman peut être mis dans un objet, accroché à un mur, sur une porte, enseveli quelque part, respiré, bu... On le retrouve aussi sur les tuniques talismaniques de combat de souverains ou de généraux ottomans.

## Le talisman est souvent lié à une formule sacrée

Un talisman contient, la plupart du temps, une écriture sacrée et des caractères mystérieux dont seuls quelques initiés connaissent la signification.

**« Le divin Pythagore [...] ne mettait jamais en tête de ses lettres, ni "joie" ni "prospérité" ; il commençait toujours par "Hugiaine !" (υγεία, santé). [...] Voilà pourquoi le triple triangle enlacé, formé de cinq lignes [le pentagramme], qui servait de symbole à tous ceux de cette secte, était nommé par eux "le signe de la santé". »**

**Lucien, *Pro lapsu inter salutendo.***

# *Onomata barbara* : les caractères ou figures

**« Les *figures* sont des dessins ou emblèmes, comme le pentalpha en forme d'étoile ; les *caractères* sont des dessins abstraits qui symbolisent un alphabet magique ; les plus typiques sont les "caractères" dits à lunettes, que l'on trouve dans les documents grecs et arabes. »**

**Marie-Thérèse d'Alverny et Françoise Hudry, « Al-Kindi, *De radiis* », *Archives d'histoire doctrinale et littéraire du Moyen Âge*, 1974.**

Les caractères sont le fruit d'un savoir millénaire. Ces signes, gravés sur un objet ou écrits sur un parchemin, sont destinés à nouer un lien avec Dieu. Giorgio Ansemi, médecin à Parme au milieu du XV^e^ siècle, explique dans son *Divinum opus de magia disciplina* comment les caractères servent à nouer une relation de sympathie entre forces supérieures et forces intérieures.

Ces signes ne ressemblent pas à des alphabets connus et restent, encore aujourd'hui, mystérieux. Mystère qui renforce la foi dans leur efficacité, car ils s'adressent à des esprits, anges ou démons, qui parlent une langue différente des nôtres. Ces signes regroupent des inscriptions de formes diverses : chiffres arabes et lettres de l'alphabet latin ou grec incorporés dans des compositions complexes, sortes d'idéogrammes, signes géométriques ressemblant à des pentacles de petite taille, petits ronds reliés les uns aux autres qu'on nomme alors les « caractères à lunettes », dont les extrémités sont serties de petits cercles semblables à ceux qu'on trouve sur certains talismans de l'Égypte antique.

Il s'agit de se protéger des *maleficii*, les maléfices, grâce à ces séries de *Verba mistica* qui ne sont pas destinées à être prononcées et qui s'adressent à des intelligences célestes et, à l'instar des prières, constituent des invocations. Une des grandes questions que se posera le Moyen Âge sera : puisqu'on ne les comprend pas, à qui s'adressent-ils ? À quelles puissances occultes sont-ils destinés ?

Ces *Onomata barbara*, écrits dans une écriture incompréhensible pour le commun des mortels, sont apparemment constitués de signes astraux, de dérivés magiques de croix, d'alphabets orientaux, ou d'autres signes étranges dont le pouvoir est donc considéré comme d'autant plus actif qu'ils sont inintelligibles. L'usage de ces caractères se répand sur les anneaux planétaires, dédiés aux planètes. Les sceaux doivent être fabriqués dans des conditions amplement décrites, liées aux signes des planètes ou aux anges planétaires. Le magicien doit notamment peindre sur le sceau ces *signacula* ou caractères, au moment très précis où la planète qui leur correspond domine la voûte céleste.

## Le talisman et la lettre de Charlemagne

Conservé au trésor de la cathédrale de Reims, ce talisman aurait été trouvé au cou de l'empereur lors de l'exhumation du corps de Charlemagne par l'empereur Frédéric Barberousse le 8 janvier 1166. Ce reliquaire serait un cadeau du calife Hâroun ar-Rachîd lors d'une ambassade de l'an 801. Ses faces portent l'une un saphir de 190 carats, l'autre une lentille de verre qui laisse voir en transparence une relique de la vraie croix. L'objet est fait de plaques d'or soudées. Cinquante-trois pierres précieuses l'entourent : perles, grenats et émeraudes placés aux quatre points cardinaux, sur ses deux faces ainsi que sur la tranche. Des reliques comprenant ce talisman et un fragment d'os du bras droit de Charlemagne auraient été offertes à Joséphine de Beauharnais par l'évêque d'Aix-la-Chapelle lors de la procession du *Corpus Christi*, le 9 décembre 1804, afin de remercier Napoléon d'avoir rendu à la cathédrale d'Aix-la-Chapelle les reliques confisquées lors de la Révolution. Joséphine donna par la suite le talisman à sa fille Hortense, qui le transmit à son fils, Louis Napoléon Bonaparte, qui deviendra Napoléon III. À la chute du Second Empire, Eugénie de

Montijo, l'épouse de Napoléon III, confia le talisman à son médecin, qui le cacha dans un mur de sa maison et le rendit à l'impératrice en Angleterre. Eugénie l'offrit par la suite au trésor de la cathédrale de Reims.

## Le reliquaire de Charles VIII

Charles VIII, à Fornoue, le 6 juillet 1495, fut très affligé d'avoir perdu son talisman pendant la bataille. Il le signale dans une lettre au marquis de Mantoue en précisant qu'il s'agit de « certaines reliques placées dans une petite majesté d'or à laquelle [il] portait une dévotion particulière[8] ». Le talisman porte, au revers, une inscription en lettres d'émail noir incrustées dans l'or qui se traduit par : « Dans ce reliquaire que le roi Charles cinquième du nom a fait faire se trouvent des reliques par lui prises de sa main dans la sainte châsse du palais : du sang de Notre Seigneur ; du sang miraculeux ; de la couronne d'épines ; de la Vraie Croix ; du fer de la Lance ; de la table ; de la tunique sans couture ; du manteau vermeil ; du drap qu'il ceignit à la Cène ; du sceptre ; des draps de l'enfance ; du suaire ; du sépulcre ; du clou pris à saint Denis ; de l'éponge ; des liens avec lesquels

8. *Lettres de Charles VIII roi de France*, publ. par Paul Pélicier, 1898-1905, V, n° 907, p. 259-260 : « *certe reliquie poste in una pichola maiesta d'oro a la quale haveva singulare devotione* », cité par Bertrand Jestaz dans « Le reliquaire de Charles V perdu par Charle VIII à Fornoue », *Bulletin monumental*, t. 147, n° 1, 1989.

il fut ligoté à la colonne ; de la colonne ; des fouets ; des tables et de la verge de Moïse. »

## Le talisman de Catherine de Médicis

Le talisman de Catherine de Médicis (1519-1589) est également célèbre. Ce talisman aurait été conçu entre 1551 et 1554 par Jean Fernel, premier médecin d'Henri II, adepte de la philosophie occulte. La médaille porte des signes qui n'apparaissent que dans le *De la philosophie occulte* de Henri-Corneille Agrippa de Nettesheim (1533)[9]. L'avers montre un roi avec un aigle, Jupiter, et son signe, un sablier. Le roi fait face à une femme à tête d'oiseau et pieds d'aigle tenant une flèche : Vénus. La fonction magique de ce côté du talisman serait de favoriser l'amour entre Henri II et Catherine de Médicis. Le revers montre une image de Vénus avec son signe, la croix surmontée d'un cercle et un nom, Haniel, nom de l'ange de Vénus, et un autre nom, Asmodel, qui préside au signe du Taureau et correspond également à Vénus. Ce talisman devait favoriser l'influence bénéfique de Jupiter captée et conservée par Vénus. On y lit aussi des

9. Selon Cornélius Agrippa, le talisman de la planète Jupiter, gravé sur une lame d'argent, « procurera alors à celui qui la porte le gain, les richesses, la faveur, l'amour, la paix et la concorde. Elle fléchit les ennemis, confirme dans les honneurs et dans les dignités », et « gravée dans le corail cette table écarte les maléfices ».

inscriptions en hébreu : « Apparais-moi, ô Dieu » (*Darag Ni El*) ; « Donne-moi, je t'en conjure, la force » (*Fara Na Heil*), et, sur le revers : « Accorde-moi tes vertus miraculeuses » (*Hipes piliah*), « De l'étrangère préserve mon époux » (*Nechar Hofer Baal*)...

Dans le foisonnement des signes représentés sur ce talisman, deux thèmes dominent : Jupiter et Vénus, le pouvoir et l'amour. Le talisman se veut un pont entre le désir de Catherine de Médicis de conserver son époux et l'influence bénéfique de Jupiter, maître de tous les pouvoirs.

## Pentacle et pentagramme

**« Le triangle de Salomon [...] : ces deux triangles, réunis en une seule figure, qui est celle d'une étoile à six rayons, forment le signe sacré du sceau de Salomon, l'étoile brillante du macrocosme. »**

**Éliphas Lévi, *Dogme et rituel de la haute magie*, 1854-1861.**

*Penta* signifie cinq en grec, et *gramma,* figure d'écriture. Les pentagrammes sont constitués de figures symboliques représentant une étoile à cinq branches. Utilisés dans des invocations magiques, ils sont censés capter les forces occultes et éloigner le mal de soi. Le pentagramme est un signe ancien qui servait de reconnaissance aux pythagoriciens, une école de philosophie rayonnante au IVᵉ siècle avant J.-C.

Les occultistes lui attribuent un pouvoir magique, si bien que ce symbole est devenu une référence pour ceux qui se considèrent comme des initiés dans de nombreuses sociétés secrètes. Un pentacle est *a priori* entouré d'un cercle, ce qui n'est pas le cas du pentagramme. Le pentacle est un sceau magique avec des figures géométriques, des caractères en hébreu ou des formules latines, et est supposé symboliser ou maîtriser des puissances sacrées ou secrètes. Parmi les célèbres pentacles, on peut citer le Sceau de Salomon, grand pentacle porte-chance, l'étoile flamboyante des francs-maçons, ou encore le Tétragrammaton, théonyme[10] constitué des quatre lettres YHWH, ou nom sacré de Dieu, pentacle symbole de la puissance divine en l'homme.

Henri-Corneille Agrippa de Nettesheim[11] les décrit comme ayant pour fonction de « prédire toutes choses futures, commander l'ensemble de la nature, obtenir le pouvoir sur les démons, et les anges, et de réaliser des miracles ».

Pour l'abbé Houssay, né en 1844 et décédé en 1912, connu sous le pseudonyme d'Abbé Julio, « le pentacle

---

10. Un théonyme est un nom qui désigne un dieu.
11. Savant ésotériste né en1486 et mort en 1535.

est le signe de la toute-puissance sur le second plan, c'est-à-dire contre les entités de l'Astral, et, par extension, contre les démons, qui souvent se cachent derrière elles[12] ». Ce religieux français, après avoir été prêtre de l'Église catholique romaine, a rejoint une Église néo-gallicane, séparée de Rome. Guérisseur et magnétiseur, il a beaucoup utilisé des prières mêlant prières chrétiennes et formules mystérieuses. Son credo : « La prière peut tout, et elle obtient tout. C'est la Parole de Dieu : "Tout ce que vous demanderez en mon nom vous l'obtiendrez" [...]. Si les prêtres voulaient, ils accompliraient de merveilleux prodiges ; mais la plupart ne savent pas beaucoup ou ne veulent plus, et quelques-uns qui voudraient ne l'osent pas[13]. »

## Fétiches et gris-gris

Gris-gris, coquillages, sanaves[14], cuivre, animaux... la fabrication d'objets magiques est très répandue en Afrique subsaharienne. La plupart de ces pays ont une culture traditionnelle animiste qui repose sur la

12. Abbé Julio, *Le Livre secret des grands exorcismes et bénédictions, prières antiques, formules occultes, recettes spéciales avec explication et application des signes et pentacles contenus dans "Les Grands secrets merveilleux", "Les prières liturgiques", "Le livre des exorcismes" et "Les petits secrets merveilleux"*, 1908.

13. Abbé Julio, *Grands secrets merveilleux pour aider à la guérison de toutes les maladies physiques et morales*, 1907.

14. Les sanaves sont des amulettes que les femmes portent au cou et aux poignets pour se préserver de l'atteinte des sorciers. Ce sont des morceaux d'un bois odorant, enveloppés dans une toile.

croyance en un esprit, une force vitale animant les êtres vivants aussi bien que les objets et les éléments naturels, comme les pierres, les coquillages ou même le vent ; une croyance qui se nourrit de la foi profonde dans des génies protecteurs. Cette foi, lorsqu'elle se mue en adoration, engendre le fétichisme, qui devient un instrument des forces de la nature sur lequel on ne détient parfois plus aucun contrôle. L'objet acquiert alors un pouvoir propre, un pouvoir magique. Une griffe, un masque, une dent d'animal sont habités d'un pouvoir surnaturel. Il peut aussi s'agir de crânes, de cornes d'animaux gainés, souvent accompagnés de coquillages. Un sorcier préside toujours à la confection de ces gris-gris, ce sont ses connaissances et son énergie qui permettent à l'objet de devenir magique, qu'il s'agisse d'un masque comme d'un vêtement auquel sont accrochés de petits talismans repliés et enfermés dans un gainage. La plupart des talismans sont à suspendre ou à accrocher à l'individu et sont considérés comme ayant de très grands pouvoirs. Gare à celui qui ne se renseigne pas sur la provenance d'un masque qu'il acquiert sur un marché et sur le rôle qui lui a été dévolu : il faut savoir si l'énergie dont il est imprégné est positive ou non.

Dans les pays à obédience musulmane, des textes sacrés sont contenus dans toutes sortes d'objets : bouteilles, gaines accrochées à des ceintures et ces objets, à la fois protecteurs et offensifs. Grâce aux croisements culturels, la diversité des talismans en Afrique est impressionnante et s'étend des versets du Coran aux symboles animistes, en passant par des symboles chrétiens. Les caractères à lunettes sont aussi très présents. Les texte-tapis, en Afrique musulmane, désignent des versets dont les mots sont étirés pour former une grille qui servira ensuite de support, par exemple pour un carré magique. Les lettres à bulle sont des lettres dont une boucle est volontairement gonflée, dans lesquelles le copiste va pouvoir parfois ajouter des mots. Les lettres les plus utilisées seront *Sad* (ص) et *mim* (م), dix-huitième et vingt-quatrième lettres de l'alphabet arabe.

Terres cuites, bronzes, bâtons cultuels, masques, statues, reliquaires… l'art est très lié au sacré en Afrique, il constitue un lien permanent entre les humains et l'Autre monde. L'artiste est celui qui, au même titre que le sorcier, perçoit de plein fouet la résonnance des mondes.

# DES SOURCES PHILOSOPHIQUES ET MYSTIQUES

# PHILOSOPHIE ET TALISMANS

**« Un jour, dit-il, Léon, roi des Phliasiens, entendit Pythagore discourir sur certains points avec tant de savoir et d'éloquence, que ce prince, saisi d'admiration, lui demanda quel était donc l'art dont il faisait profession ? À quoi Pythagore répondit qu'il n'en savait aucun ; mais qu'il était philosophe. Et sur ce que le roi, surpris de la nouveauté de ce nom, le pria de lui dire qui étaient donc les philosophes, et en quoi ils différaient des autres. »**

---

**Cicéron, *Tusculanes*, trad.
par Bouhier et d'Olivet, 1812.**

Pythagore, en 580 avant J.-C., serait le premier à avoir embrassé une conception philosophique selon laquelle toute chose du monde, y compris les âmes humaines, découle, émane – d'*emanare*, en latin – d'un seul principe premier.

L'émanatisme définit des systèmes cosmologiques comme le néoplatonisme, la Kabbale, la gnose, ou des conceptions comme celles de Teilhard de Chardin ou de Bergson qui considèrent que Dieu a produit le monde à partir de sa propre substance inépuisable, si bien que tous les êtres et les choses découlent de cette énergie divine initiale. Toute chose procède d'une émanation divine, et il n'y a pas de différence de nature entre Dieu et la création, Dieu immanent au monde. Les êtres participent comme les choses d'une expansion de l'essence divine, qui s'étend et se développe par de successives émanations.

## L'hypostase

**« On ne t'a pas suffisamment révélé la nature du "Premier". Je dois donc t'en parler, mais par énigmes. [...] Autour du Roi de l'Univers gravitent tous les êtres ; il est la fin de toute chose, et la cause de toute beauté ; autour du "Second" se trouvent les secondes choses, et autour du "Troisième", les troisièmes. »**

**Platon, « Lettre II »,** ***Lettres*****, trad. par Joseph Souilhé, 1926.**

Eudore d'Alexandrie, né en 40 avant J.-C., est aussi l'une des figures aux origines des pratiques talismaniques. Sa vision du monde conjugue les préceptes de Pythagore, qui demande de suivre Dieu, et ceux de Platon, qui dit de « se rendre, dans la mesure du possible, semblable à la divinité » (*Théétète*, 176 b).

Pour Eudore d'Alexandrie, il existe une unité indivisible de l'être et une unicité de la matière qui compose l'Univers. Cette unité du cosmos rend la matière et l'esprit indissociables. Le monde physique ne peut pas être dissocié du monde psychique, le monde matériel et le monde spirituel ne font qu'un, même si, enfermés dans les limites de notre monade, nous ne sommes pas conscients de l'illimité de la matière et de sa spiritualité. Cette unité de la matière est possible grâce au *logos* qui, agissant sur la matière, permet le déploiement de l'Univers. L'hypostase, c'est l'être en tant qu'essence et existence. Il peut être multiple et unique à la fois, et, par conséquent, s'échapper de la matière par la force de l'âme.

Plus tard, l'hypostase désigne, dans la théologie chrétienne, les trois personnes divines de la Sainte Trinité ; chacune considérée comme distincte, mais toutes trois substantiellement une. Le Christ est une personne ou hypostase mais a deux natures, ou essences : il est à la fois divin et humain. Toute personne est, ou a, une hypostase. Le *scutum fidei*, ou bouclier de la foi, représente la Trinité à la fois une et indivisible et sera souvent choisi parmi les instruments de protection par les chrétiens.

# Giordano Bruno

**« La Terre et les astres [...], comme ils dispensent vie et nourriture aux choses en restituant toute la matière qu'ils empruntent, sont eux-mêmes doués de vie, dans une mesure bien plus grande encore ; et vivants, c'est de manière volontaire, ordonnée et naturelle, suivant un principe intrinsèque, qu'ils se meuvent vers les choses et les espaces qui leur conviennent. »**

**Giordano Bruno, *Le Banquet des cendres*, 1584.**

Giordano Bruno est un frère dominicain et philosophe italien, qui vécut au XVI^e^ siècle. L'Univers, nous raconte Giordano Bruno, est composé d'un nombre limité de *lettres*, entités élémentaires aux formes géométriques reliées à une substance qui « les anime toutes ». Les *images*, ces caractères sont autant de portes par lesquelles on peut accéder à des énergies en lien vers d'autres sphères, mais « les signaux qui viennent de l'œil, de l'oreille et des autres sens sont toujours réorganisés par une "voix" *sui generis* qui naît de l'intérieur[15] ».

« Penser, c'est créer des images », écrit-il. La matière est dynamique, et l'âme est interconnectée avec une matière

15. Giovanni Fontana, « Esprit nomade, hérétique parmi les hérétiques, philosophe et poète... Giordano Bruno », *Inter*, n° 97, 2007, p. 27-31.

active composée d'atomes. L'humain, élément de ce monde en devenir, peut intervenir sur son propre destin. Giordano Bruno imagine des roues concentriques capables d'engendrer tous les mondes possibles et de restaurer les pouvoirs occultes des images astrologiques et magiques des décans à l'intérieur des signes zodiacaux, dans un ouvrage, le *De umbris idearum*, *Sur les Ombres des idées*, en 1583. Il s'inscrit dans la continuité d'un mouvement platonicien, l'hylozoïsme, doctrine qui affirme que la matière est douée de vie par elle-même. Les choses, la matière, la nature ont une vie propre. Toute matière est vivante comme chaque individu est vivant. Pour l'hylozoïsme, le monde est un être vivant pénétré par une âme du monde de nature matérielle.

**« Toutes ces réalités se réduisent à une seule, qui est la Vie à la fois une et multiple de l'Univers, Dieu est la monade des monades. [...] Nous déclarons cet espace infini, étant donné qu'il n'est point de raison, convenance, possibilité, sens ou nature qui lui assigne une limite. »**

**Giordano Bruno, *L'Infini, l'Univers et les Mondes*, 1584.**

L'esprit de Dieu se trouve ainsi en toutes les choses : « Toutes les âmes font partie de l'âme de l'Univers et tous les êtres à la fin sont un. [...] Il n'est pas de réalité qui ne soit accompagnée d'un esprit et d'une intelligence. [...] Ce n'est pas hors de nous qu'il faut chercher la divinité, puisqu'elle est à nos côtés, ou plutôt en notre for intérieur, plus intimement en nous que nous ne sommes en nous-mêmes[16]. »

Mais alors, comment pouvons-nous communiquer avec lui ? Giordano Bruno invoque cette unicité comme solution :

> **« Aussi ce dieu, en tant qu'il est absolu, n'a-t-il pas de rapport à nous ; il n'en a que dans la mesure où il se communique aux effets de la nature, plus intimement que la nature elle-même. De sorte que s'il n'est pas la nature même, il est certainement la nature de la nature, et il est l'âme de l'âme du monde, s'il n'est pas l'âme elle-même. »**
>
> **Giordano Bruno, *L'Expulsion de la bête triomphante*, 1584.**

La philosophie de Giordano Bruno conforte la science talismanique dans la mesure où, bien au-delà du règne animal ou végétal, l'esprit peut agir, grâce à l'intention, sur la matière. Cette conception d'un Univers infini qui oblige à redéfinir l'invisible et le perceptible, la place de l'être humain et l'action divine ne plaît pas à l'église. Il est brûlé par l'Inquisition en 1600.

16. *L'Expulsion de la bête triomphante*, 1584.

# Marsile Ficin

**« L'art témoigne de la puissance humaine désirant égaler l'action divine. »**

**Marsile Ficin**

Marsile Ficin, poète et philosophe italien, est né en Toscane en 1433 et mort à Careggi, près de Florence, en 1499. Célèbre pour avoir été le premier à traduire les œuvres complètes de Platon du grec au latin, il serait à l'origine des arcanes majeurs du Tarot de Marseille. Pour lui, microcosme et macrocosme se répondent. Le talisman tient sa force du matériau dont il est constitué, et Marsile Ficin dresse une liste des sept choses censées attirer les influences célestes, selon les planètes : la Lune attire les pierres et métaux ; Mercure, les plantes, fruits et animaux ; Vénus, les poudres, vapeurs et odeurs ; le Soleil, les mots, chants, sons ; Mars, l'émotion et l'imagination ; Jupiter, la raison, et enfin, Saturne va de pair avec la contemplation intellectuelle et l'intuition divine.

C'est à Marsile Ficin que l'on doit la traduction des *Hermetica*, ensemble de textes théologiques, cosmologiques, magiques, alchimiques et astrologiques attribués à Hermès Trismégiste. Ces textes des IIe et IIIe siècles émanent, selon lui, d'un prêtre-roi détenteur d'un savoir immense, qui aurait vécu en Égypte dans une très lointaine Antiquité et influencé les sages du monde antique.

Les *Hermetica* sont des textes qui transmettent une sagesse primordiale et immémoriale selon laquelle le monde est traversé d'influences astrales positives ou négatives. Il faudrait par conséquent s'écarter des influences astrales négatives et attirer celles qui sont positives. À partir de ces affirmations, Marsile Ficin recommande l'utilisation de certains métaux, pierres, herbes, couleurs, hymnes et talismans, en résonance avec les astres, et définit ainsi ce qu'est le mage de la Renaissance.

## *Ars notaria*

L'*Ars notaria* prétend qu'il est possible d'obtenir des connaissances en invoquant les esprits ou en contemplant des images. À la fin du XIIe siècle, il représente une véritable école de pensée. Le praticien de l'*Ars notoria* invoque ainsi la puissance divine en récitant des noms d'anges et des mots intraduisibles, mais ce qu'il vise, c'est surtout à acquérir une science englobant les arts libéraux et mécaniques et la perfection morale. Ses prières interminables, l'invocation de *Verba mystica* et les figures secrètes invoquées sont censées lui permettre d'acquérir le savoir décrit sur les pages de ses manuscrits. Du XIIIe au XVIIIe siècle l'*Ars notoria* connaît un réel succès dans l'Occident chrétien, et de nombreux traités s'en réclament.

# L'IMPORTANCE DU VERBE

**« Au commencement était le Verbe, et le Verbe était auprès de Dieu, et le Verbe était Dieu. Il était au commencement en Dieu. Tout par lui a été fait, et sans lui n'a été fait rien de ce qui existe. »**

---

**Évangile de saint Jean.**

Comme dans la prière, on retrouve l'importance de la parole et du Verbe fondateur et lumineux dans ces façons de se tourner vers le ciel et de lancer un appel que sont l'amulette ou le talisman. Du dieu Thot des Égyptiens à la Torah, des Évangiles au Coran, les textes sacrés sont formels, c'est à partir du Verbe que s'est constitué le monde. Dès lors, pourquoi ne serait-il pas un vecteur et un chemin rapide pour toucher le Créateur, aller à la rencontre de la Providence ?

# Philon d'Alexandrie

**« C'est au Logos archange et très ancien que le Père, qui a tout engendré, a fait le don insigne de se tenir à la frontière pour séparer la création du Créateur. Il intercède sans cesse auprès de l'Incorruptible pour la nature mortelle et fragile, et il est envoyé par le Seigneur au serviteur. Il n'est pas inengendré comme Dieu, ni engendré comme nous, mais intermédiaire entre les extrêmes, communicants avec l'un et l'autre. »**

**Philon d'Alexandrie, Ier siècle avant J.-C.**

Le verbe est l'instrument par lequel Dieu a créé le monde. Chez Philon d'Alexandrie, les anges peuvent représenter ce Logos ou symboliser les principaux pouvoirs divins que sont la souveraineté ou la bonté, comme ils peuvent représenter les pensées et les mots de Dieu. Les anges peuvent aussi être des *daimones*, des âmes sans corps, ou des héros qui agissent comme intermédiaires entre Dieu et les humains. Philon distingue deux types d'anges : ceux qui ont coopéré à la construction du monde et ceux qui assistent les humains dans leur ascension vers Dieu. Ces derniers peuvent aussi transmettre à Dieu les prières des hommes.

# Les oracles chaldaïques

**« [La théurgie est un] système religieux qui nous fait entrer en contact avec les dieux, non pas seulement par la pure élévation de notre intellect vers le noûs divin, mais au moyen de rites concrets et d'objets matériels. »**

**André-Jean Festugière, *La Révélation d'Hermès Trismégiste*, 1953.**

Philon d'Alexandrie est un précurseur du néoplatonisme. Ce mouvement mystique cherchera notamment à réconcilier les propos de Platon avec les *Oracles chaldaïques*, recueil de révélations magiques publié en grec vers 170 par Julien le Théurge, dont il ne nous reste que des fragments et quelques témoignages.

La théurgie, du grec *theos*, dieu, et *ergon*, travail, affirme être l'application pratique des lois de la matière, de la plus dense jusqu'au plus haut degré de l'esprit. Ses partisans pensent qu'elle met l'humain en contact direct avec la Conscience universelle : ainsi, l'être humain et Dieu coopèrent, cocréent, collaborent. Dieu appelle, l'homme répond, l'homme appelle et Dieu l'entend. L'homme communique ainsi avec les « bons esprits » par quelque moyen que ce soit et invoque les puissances surnaturelles aux fins d'atteindre Dieu. Alors, pourquoi pas avec une amulette... ?

## Prière et talisman : l'acte ne vaut que par l'intention

La prière s'adresse à Dieu, aux saints, aux anges ou aux divinités, selon la foi. Elle cherche à instaurer un lien qui se voudrait direct, mais elle peut passer par des icônes, des images pieuses, une représentation de la divinité ou des objets, comme les croix, les médailles ou les reliquaires, chargés de l'énergie dont on les dote, une énergie qui va rencontrer l'énergie du Ciel qui répondra à l'appel.

Quelle différence entre une prière et un talisman ? Le temps consacré ? Le moment choisi ? La force des mots ? Le déplacement d'énergie vers un objet ? L'environnement dans lequel s'exerce la prière ? Le caractère du talisman, trop ambigu selon sa visée ? La sincérité de la demande ? L'islam insiste sur ce dernier point : l'importance de l'intention.

**« Ta certitude doit être sincère et tu dois avoir foi dans ses vérités – le crédit accordé aux œuvres vient de leur intention. Si tu as l'intention de faire un "travail", crois en lui et en la parole du Prophète : "Que personne d'entre vous ne fasse de prière sans la certitude d'être exaucé." »**

**Al-Buni, *Shams*, I, 3.**

Le talisman n'est qu'un support, mais il contient la parole d'un texte sacré, de même que les chapelets, les cierges, les médailles servent de relais à la parole prononcée.

Ne s'agit-il pas toujours d'une seule et même intention : entrer en contact avec les forces bénéfiques de l'Univers ? Toutes ces paroles, ces signes, ces écrits, ces formules, ces *caractères* ne devraient jamais être chargés que de l'énergie d'une bonne intention. Cette parole, cette intention, ces signes irradient une vibration qui en appelle à tous les échos bénéfiques du Ciel. Le talisman – si son but est lumineux – et la prière expriment un même espoir de contact avec la divinité.

# FOI ET TALISMANS

Dans l'Occident chrétien, la foi en l'efficacité de l'amulette a perduré malgré un pouvoir papal devenu hégémonique, en dépit d'une science dite rationnelle et d'une médecine officielle s'arrogeant toute vérité scientifique. La foi, de païenne, est devenue chrétienne, mais n'a aucunement perdu de sa force, tant s'en faut : les médailles de sainte Rita ou de la Vierge de la rue du Bac, comme l'eau de Lourdes ou la Vierge de Guadeloupe accompliront désormais des miracles !

Le mot-clef d'un talisman, comme celui d'une amulette ou d'une prière, reste le mot *confiance* : *cum fidei*, avec la foi… C'est l'énergie de la foi, la certitude que la matière est animée par l'esprit, qui donne son pouvoir au mot ou à l'objet. Les talismans et amulettes visent à harmoniser l'énergie autour de soi et tentent de mettre leur porteur au diapason de l'énergie universelle qui anime chaque chose : cœur, esprit, intention, âme, lumière et sentiment. Une énergie présente dans toutes les cultures et les religions : *prana, chi*, *mana*, Esprit Saint, *ka* ou *baraka*. Matière et esprit n'ont jamais fait qu'un ; de la même façon que le vivant et l'inerte ne connaissent pas de frontière, les porteurs de talismans ou d'amulettes le sentent, le savent.

## Al-Kindi ou le pouvoir des mots

**« Celui que l'on dit le plus sage, et qui l'est, est celui qui perçoit, dans les choses et leurs propriétés, ce qui est le moins perceptible. D'où le fait que ceux qui sont formés par le saint désir de la sagesse travaillent beaucoup à la compréhension des qualités cachées des choses. »**

**Al-Kindi, *De radiis stellarum.***

*De radiis stellarum*, ou *Theorica artium magicarum,* « Des rayons ou théorie des Arts magiques », est l'ouvrage d'un très fameux savant arabe du IX$^{e}$ siècle, Al-Kindi. Celui-ci considère que les corps célestes et les corps élémentaires émettent des rayons, ces rayons constituant les principaux vecteurs des relations au sein de l'harmonie cosmique. Cette intuition rejoint la physique actuelle sur les ondes et corpuscules.

Al-Kindi est l'un des plus grands philosophes hellénisants de langue arabe, et il se veut très rationnel, mais cherche à comprendre comment, par sa connaissance, l'être humain est capable de modifier les choses. Pour lui, l'efficacité des paroles rituelles et des caractères magiques ne fait aucun doute, car sa conception d'une harmonie universelle suppose des relations entre toutes choses, qu'elles soient célestes ou terrestres. Il considère aussi que si la demande est conforme à la configuration céleste, l'invocation, jointe à un réel désir, aura une action sur la matière : « Pour que l'effet [magique] se produise, il faut toujours qu'il y ait, chez celui qui profère, l'intention et imagination de la forme qu'il désire voir venir s'actualiser dans la matière grâce à la prononciation des mots. [...] Il convient également que le désir, avec les autres choses nécessaires, soit intense, pour qu'il possède un effet de mouvement ; car ce qu'on témoigne avec négligence ne suffit pas à l'effet du mouvement escompté. La foi dans l'effet futur est également nécessaire, car celui qui désespère de l'effet sera frustré de son vœu, même s'il a exécuté avec sagesse tout le reste. En effet, la foi, c'est-à-dire un ferme espoir en l'événement désiré, constitue le nœud et l'appui du désir, comme la préparation de la scamonée aide cette dernière dans son action laxative lorsqu'elle doit être donnée en remède[17]. »

Pour Al-Kindi, les *caractères*, les sons, comme l'ensemble du monde physique, entretiennent une relation étroite

---

17. Cité par Sylvain Matton dans *La Magie arabe traditionnelle*, Paris, Retz, 1977, dans Constant Hamès, « Entre recette magique d'Al-Buni et prière islamique d'Al-Ghazali : textes talismaniques d'Afrique occidentale », *Systèmes de pensée en Afrique noire*, n° 12, 1993, p. 187-223.

avec le monde céleste et ont un pouvoir en vertu de leur conformité naturelle avec les astres ; à condition qu'ils soient employés au bon moment et dans une intention conforme à la nature.

## Avicenne

**« On voit manifestement par expérience que dès que l'âme de quelqu'un porte un grand excès d'une passion quelconque, il lie la chose et la change ainsi qu'il le veut. »**

**« *De mirabilibus mundi* »,**

***Le Grand Albert*, XVIIIe siècle.**

Abu Ali al-Husayn ibn Abdillah ibn al-Hasan ibn Ali ibn Sina, ou ibn Sina, dit Avicenne, surnommé *cheikh el-raïs*, « le prince des savants », est un philosophe et médecin persan qui vécut de 980 à 1037 et a expliqué l'existence du monde non pas à partir d'un acte de création divine, mais par un phénomène d'émanation. Dieu est parfait, il n'a aucun besoin de créer, si bien que le monde et son contenu existent par émanation divine. Avicenne prône la science et la rationalité, mais ne voue pas pour autant aux gémonies les talismans. Mauvais œil et talismans, *karâmât* et *mu'jizat*, ces objets au pouvoir magique qui permettent de mêler les forces célestes aux forces de corps terrestres sont passés au crible par le grand homme, et Avicenne constate qu'il existe des phénomènes remarquables, comme l'incantation qui est peut-être une des médecines de l'âme. Selon lui, dans les âmes des hommes réside une force qui permet de changer les choses, car les choses leur obéissent quand elles portent un grand excès d'amour, de haine ou d'un autre sentiment.

## Al-Ghazali

**« Faites appel à moi, je vous donnerai satisfaction. »**

**Coran, XL, 60.**

**« Vrai, je suis proche, et lorsque quelqu'un m'invoque, je réponds à sa prière. »**

**Coran, II, 186.**

Abu Hamid Mohammed ibn Mohammed al-Ghazali, connu en Occident sous le nom d'Algazel, est un soufi du XIIe siècle d'origine persane, qui va tenter de résumer la pensée de philosophes arabes déjà célèbres : Al-Kindi, Avicenne, Rhazès et Al-Farabi.

Al-Ghazali prône l'efficacité de la prière et condamne la *sihr*, magie ou sorcellerie, autant que les *tilasmât*, les talismans. Il les classe parmi les sciences condamnables, bien qu'il précise que la magie n'est pas condamnable en elle-même, mais lorsque des hommes l'utilisent dans un objectif préjudiciable. Ce qui est condamnable, c'est l'intention, lorsqu'elle est mauvaise. L'adage ne cessera d'être scandé. C'est ainsi que l'un des plus fameux talismans portera son nom : il en fait la louange dans l'un de ses textes, en précisant, comme beaucoup de ceux qui l'ont précédé, qu'il n'y a pas là contradiction, car l'important réside dans l'intention.

# Ahmad al-Buni

**« Sache que les nombres ont leurs secrets (*asrâr*) et possèdent une influence (*atâr*), tout comme les lettres. Le monde supérieur est la prolongation du monde inférieur. Le monde de l'arche prolonge celui du trône, lequel prolonge la planète Saturne, laquelle prolonge la planète Jupiter, laquelle prolonge la planète Mars, laquelle prolonge la planète Soleil, laquelle prolonge la planète Vénus, laquelle prolonge la planète Mercure, laquelle prolonge la planète Lune, laquelle prolonge la planète chaleur, laquelle prolonge la planète humidité, laquelle prolonge la planète du froid, laquelle, prolonge la planète du sec, laquelle prolonge la planète de l'air, laquelle prolonge la planète de l'eau, laquelle prolonge la planète de la terre, laquelle prolonge la planète Saturne. À Saturne est associée dans le monde supérieur la lettre *jîm*, à laquelle correspond le**

**chiffre trois ou, si on la décompose (*at-tafsîl*), le nombre cinquante-trois [...] ; à Saturne est associé le carré magique 3x3 (*al-mutallat*), le plus connu parmi les experts. »**

---

**Al-Buni, *Shams*, I, 5.**

Mathématicien arabe du XIII^e siècle, Ahmad al-Buni est renommé pour ses écrits sur la force ésotérique des lettres et des mathématiques, dont l'un des livres les plus importants de son époque, le *Shams al-Ma'arif*, est considéré comme le premier texte occulte sur les talismans et la divination. « Le Livre du soleil, de la gnose et des subtilités des choses élevées » est un manuel destiné à permettre d'atteindre la spiritualité ésotérique. Les premiers chapitres présentent les carrés magiques et la combinaison de chiffres et de lettres censée apporter un effet magique. Le *Shams al-Ma'arif* insiste sur les propriétés occultes de tel ou tel élément, objet, entité, lettre, chiffre, mot, combinaison et sur les pouvoirs secrets de ces mêmes éléments. Il passe en revue les lettres de l'alphabet, le système numérique, le monde d'en haut, *alawî*, et celui d'en-bas, *suflî* ; les sept planètes, les signes du zodiaque, les quatre éléments, le Coran, les noms d'Allah, très nombreux, qui sont considérés comme les clefs de secrets mystiques qui permettent de progresser spirituellement ; les rites et le calendrier musulmans, les parfums, les couleurs, les métaux, les djinns, les anges, les sept signes cabalistiques, les saisons... La combinaison de tous ces éléments constitue une sorte de grammaire du talisman, dont l'efficacité est fonction de leur rencontre harmonieuse à l'intérieur de la formule. L'ouvrage se présente aussi comme un outil de communication avec les djinns, les anges et les esprits, les djinns étant « ces êtres qui sont cachés aux sens ».

## Ibn Khaldoun

Au XIVe siècle, Ibn Khaldoun, grand historien précurseur de la sociologie, issu d'une famille andalouse chassée de la péninsule ibérique par la Reconquista, insiste lui aussi sur l'importance d'une démarche rationnelle en toutes circonstances et rejette tout ce qui se fonde sur l'astrologie et les croyances magiques. Mais lui aussi considère que l'intention morale détermine la nature de l'action : pour lui, la magie qui « agit » par la puissance divine est licite.

Un bon discernement est donc plus que nécessaire en toutes circonstances, et particulièrement en matière de talismans.

# L'IMMANENCE DE LA TRANSCENDANCE

**« Les lettres elles-mêmes forment une part importante du langage symbolique, que ce soit dans la poésie mystique ou profane ou même en prose : certaines d'entre elles sont chargées d'intenses tonalités religieuses. *Alif*, la première lettre, une ligne droite dont la valeur numérique est 1, est le chiffre de la stature gracieuse et fine de l'être aimé, mais en même temps et bien plus, il s'agit du symbole d'Allah, le Dieu unique, indépendant de toute qualité mondaine, l'Unité absolue. En poésie, *mim* est le symbole de la petite bouche de l'être aimé qui ressemble à un point. […] De nombreuses lettres […] ont été comparées aux boucles ou aux tresses de l'aimé. »**

---

**Annemarie Schimmel, « *Islamic Calligraphy* », *Iconography of Religions* XXII, I, 1970.**

Si les talismans sont appelés *imago*, des images, c'est parce qu'ils tirent leur pouvoir magique de ce qu'ils représentent. Les *thelesmatici*, sont des « faiseurs d'images magiques » ; le terme vient du grec *telesma* qui signifie lui aussi « image ».

L'image comme le mot sont signifiants d'autre chose que d'eux-mêmes. Au-delà du symbole, ils matérialisent l'esprit, comme le font les Écritures, les prières, les mantras, les sermons, les hymnes dans tout rituel religieux. L'esprit s'incarne dans le Verbe qui s'inscrit dans un tatouage, une amulette ou des signes inscrits sur une carapace de tortue. L'écriture peut servir de moyen de communication entre le monde matériel et le monde spirituel, l'écrit rend matériel un esprit immatériel et manifeste l'immanence de la divinité. Dans certaines traditions existe même une façon d'être en symbiose avec la transcendance en ingérant le texte sacré, soit en le brûlant et en faisant de ses cendres une potion, soit en l'inscrivant à l'intérieur de la surface d'un bol, en utilisant de l'encre lavable, afin d'en obtenir une potion, les mots divins s'inscrivant ainsi à l'intérieur de soi.

## La Kabbale

**« Cette sagesse n'est ni plus ni moins que l'ordre des racines, descendant à la manière d'une cause et de sa conséquence, selon des règles fixes et déterminées,**

**s'unissant au nom d'un but unique et exalté, décrit par le nom "révélation de Sa Divinité à Ses Créatures en ce monde". »**

---

**Yehouda Ashlag, XXe siècle.**

La Kabbale, de l'hébreu *Qabbala*, qui signifie « réception », est une forme de la mystique juive née au XIIIe siècle dans le Nord de l'Espagne, à Gérone, et dans le Midi de la France, à Narbonne, et inspirée de textes anciens. Elle serait la *Loi orale et secrète* donnée par Dieu à Moïse sur le mont Sinaï en même temps que la Torah, *Loi écrite et publique.* Le kabbaliste, de l'hébreu *Qibel*, est celui qui a reçu un outil d'aide à la compréhension du monde avec *l'Arbre de vie*, symbole des lois de l'Univers et de la Création du macrocosme comme du microcosme, de l'Univers comme de l'homme. Les *Sephiroth* sont dix puissances créatrices, émanation d'une énergie du Dieu Créateur, puissances divines qui manifestent, dans la création du monde fini, le pouvoir suprême de l'*En Sof*, le « sans limites », l'« illimité », l'« infini », « Celui dont le saint nom est ineffable ».

Les textes de la Kabbale juive cherchent à comprendre ce qui est à l'œuvre dans le rapport de Dieu à l'homme. Quel est le rôle de ce dernier ? Et si interaction il y a, comment se passe-t-elle ? Le monde de la matière est-il un monde en devenir constant, un monde inachevé avec lequel notre esprit peut entrer en contact pour lui indiquer nos espoirs en ce qui concerne son devenir ? L'être humain a-t-il un rôle, lui aussi, dans le devenir de la matière ? Notre espérance peut-elle transformer le réel ? Nos rêves peuvent-ils influer sur nos vies ? Notre désir, notre imagination peuvent-ils avoir une influence sur la matière du monde et, par conséquent, sur notre devenir ? Au même titre que le monde est transformé par l'histoire humaine, pourquoi le désir d'un individu ne le transformerait-il pas, s'il a pour moteur l'espérance de pouvoir « changer le monde », « d'orienter la matière » ?

Car si la matière est en devenir constant, que rien n'est jamais figé qu'en apparence, ces potentialités s'inscrivent aussi dans ce devenir constant.

## Merkaba

La Merkaba, pour les premiers Égyptiens, représentait le lien entre le ciel (*Mer*), le corps énergétique (*Ka*) et l'âme (*Ba*), véhiculant une véritable source d'énergie. Le terme, en hébreu, signifie char ou zodiaque ; il s'agit de l'un des plus anciens thèmes du mysticisme juif, qui a son origine dans le premier chapitre du Livre d'Ézéchiel.

Elle représente un bouclier contre les énergies négatives et un champ de lumière qui peut être assimilé à un véhicule et peut aider l'esprit, l'âme et le corps à accéder et à expérimenter d'autres niveaux de réalité ou de potentiel de vie. La Merkaba est le véhicule ascensionnel de l'être humain et représente l'énergie qui entoure le corps physique. Sa forme géométrique sacrée, en double tétraèdre, permettrait d'élever notre énergie. Elle est le *véhicule de Lumière* qui aide à passer vers d'autres vibrations plus élevées. La Merkaba permettrait ainsi de nous relier à nous-mêmes en même temps que de ressentir l'amour inconditionnel qui donne la possibilité d'accéder à une harmonie universelle.

Les mystiques des différentes cultures parlent d'un lien entre le ciel, le corps énergétique et l'âme et d'un *véhicule spirituel*, d'un *corps de lumière* qui, lorsqu'il est activé, permet de voyager dans l'Univers plus rapidement que la lumière et de s'affranchir des limites du temps. Mais, comment participons-nous à cette dynamique ?

Des sonorités et des prières lancinantes et répétitives permettraient d'être en lien avec le firmament, mais ces supports que sont les amulettes et talismans ne sont-ils pas aussi chargés des deux énergies, celle du macrocosme et celle du microcosme qui se répondent et viennent à la rencontre l'une de l'autre ?

# Khawass al-Qur'an

Les pouvoirs du Verbe sont très forts et peuvent permettre d'aller à la rencontre du Ciel. Certaines sourates du Coran ont une force intrinsèque : la sourate 3, *al-Imran*, pour la fertilité ; la sourate 114 contre les djinns et le *waswâs* (le doute) ; la sourate 48, qui porte le titre d'*al-fatg*, apporte la victoire et préserve celui qui combat. Ces sourates doivent toujours être transcrites par un marabout, un saint homme, car le pouvoir du talisman reste lié à celui qui le prescrit.

En revanche, la taille du papier qui abrite le texte variera en fonction du support : étui, ceinture, bracelet, pendentif en cuir ou tissu, vêtement, sandale, pierre, œuf, bois, corps…

# TALISMANS ET MOTS MAGIQUES

## Abracadabra, évra kedebra

Cette formule magique, inscrite sur un morceau de papier ou un billet qui sera glissé dans une poche ou suspendu autour du cou, protège contre le mauvais œil et la fascination.

## Abraxas

Le mot « abraxas » viendrait du persan *Al braxas* qui signifie pierre de bénédiction, ou *abrasa* qui signifie Dieu. Ces amulettes d'origine gnostique[18] sont des pierres taillées sur lesquelles sont gravées des figures mystiques. Abraxas était un dieu syrien et perse qui commandait 365 génies et était représenté avec une tête de coq, une queue de serpent, un tronc et des bras humains. Ce talisman servait de reconnaissance à des gnostiques d'Alexandrie au IIe siècle. Il existe des abraxas à tête de lion, de sphinx, de singe ou de serpent. Cette amulette est considérée comme ayant de grands pouvoirs protecteurs en Égypte, en Asie et en Espagne.

## Agla

Composé des initiales des mots hébreux *Athah Gabor Leolam Adonaï* signifiant « vous êtes puissant et éternel, Seigneur » ou de *Aieth Gadol Leolam Adonaï*, « Adonaï sera grand dans l'éternité », ce mot chasse les démons et était souvent inscrit sur des phylactères que l'on portait sur soi. Si l'on prononce ce mot en se tournant vers l'Orient, on peut retrouver un objet perdu, découvrir ce qui se passe dans un pays lointain et mille autres merveilles…

## Ananisapta

On retrouve sur des anneaux une formule contenant les mots magiques « ananisapta, tétragrammaton ». Il s'agit des initiales de la prière « *antinotum nazareni auferat necem intoxicationis, sanctificet alimenta poculaque trinitas alma* » qui protégeait, selon les croyances du XVIIe siècle, de la peste et des fièvres.

## *Basmala*

**« L'Univers est un immense livre ; les caractères de ce livre sont tous écrits, en principe, de la même encre et transcrits à la Table éternelle par la**

**plume divine ; tous sont transcrits simultanément et indivisibles ; c'est pourquoi les phénomènes essentiels divins cachés dans le "secret des secrets" prirent le nom de "lettres transcendantes". Et ces mêmes lettres transcendantes, c'est-à-dire toutes les créatures, après avoir été condensées virtuellement dans l'omniscience divine, sont, par le souffle divin, descendues aux lignes inférieures, et ont composé et formé l'Univers manifesté. »**

---

**Ibn Arabi, *Les Illuminations de La Mecque*, 1203-1240.**

La *basmala* ou *bismillah* désigne, en langue arabe, les mots de la formule *bismi-llahi r-Rahmani r-Rahimi*, « Au nom de Dieu clément et miséricordieux ». La *bismillah* est un puissant protecteur qu'on retrouve au début de nombreux talismans, car elle multiplie le pouvoir des rituels, des invocations et des prières. On la prononce avant le repas, on la porte sur soi ou on la met dans sa maison pour se protéger et attirer la *baraka*, la chance, car « Allah est le nom propre de Dieu ». On la retrouve au commencement de chacune des sourates du Coran, à l'exception de la 9e sourate, *at-Tawba*. Elle aurait un effet protecteur contre les djinns.

Chez les Arabes chrétiens, le terme « *basmala* » a été repris et désigne l'expression biblique « Au nom du Père et du Fils et du Saint-Esprit » (*bismi-l-'abi wa-l-ibni wa-r-ruHi l-qudusi*), qu'on trouve dans l'Évangile (Matthieu 28, 19). La formule est parfois complétée de « un seul Dieu », pour marquer le caractère monothéiste du christianisme. La *basmala* serait elle-même contenue dans sa première lettre, le *bâ*, symbole de l'Esprit universel (*al-Rûh*).

**« Le "message divin" est le "Livre du Monde", archétype de tous les Livres sacrés, et les "lettres transcendantes" qui composent ce Livre sont toutes les créatures, ainsi qu'il a été expliqué plus haut. Il résulte aussi de là que la "science des lettres" (*ilmul-hurûf*), entendue dans son sens supérieur, est la connaissance de toutes choses dans le principe même, en tant qu'essences éternelles ; dans un sens que l'on peut dire moyen, c'est la cosmogonie ; enfin, dans le sens inférieur, c'est la connaissance des vertus des noms et des nombres, en tant qu'ils expriment la nature de chaque être, connaissance permettant d'exercer par leur moyen, en raison de cette correspondance, une action d'ordre "magique" sur les êtres eux-mêmes. »**

**René Guénon, *Le Symbolisme de la Croix*, 1931.**

**« Le monde est composé de lettres écrites et alignées sur le parchemin déployé de l'existence, sur lequel l'écriture perpétuelle ne cesse ni ne s'arrête jamais. »**

**Ibn Arabi, *Les Illuminations de La Mecque*, 1203-1240.**

# Symbole du nom divin, le suffisant Al-Kafi

**« Celui qui dresse un carré de 4x4 et qui y inscrit des rapports numériques le lundi, alors que la Lune est en conjonction avec la planète Jupiter, à 3 degrés dans le Taureau et ce, à l'heure de la Lune, celui qui l'écrit après avoir fait des ablutions puis une prière de deux *rakca* [sous-séquences rituelles], puis la récitation de la *fâtiha* [sourate d'ouverture du Coran], puis cent fois le verset du trône (Cor, II, 255) puis encore la *fâtiha* et ensuite la sourate *al-ikhlâs* (Cor, CXII), s'il l'écrit [le carré] sur une peau non souillée (*tâhir*) et s'il le porte en amulette (*hamalahu*), alors Allah augmentera sa compréhension, sa mémoire, sa sagesse et embellira sa destinée parmi les gens, dans le monde supérieur (*calawî*) et inférieur (*suflî*). S'il le donne à porter en amulette à un prisonnier, celui-ci s'échappera rapidement. S'il le suspend au drapeau de l'armée, il la fera vaincre les ennemis mécréants et ceux qui leur font allégeance. Celui qui le porte en amulette vaincra son adversaire, par la volonté d'Allah Très Haut. »**

**Al-Buni, *Shams*, IV, 526.**

Parmi les inscriptions magiques, le *kâf* est une lettre à laquelle est attribué un grand pouvoir, même si Al-Buni assigne un pouvoir surnaturel à toute lettre car la première lettre d'un nom, pour lui, le convoque tout entier. Le *kâf* appelle ainsi Al-Kafi, et la lettre *kâf* peut être considérée comme le symbole du nom divin Al-Kafi, le Suffisant. C'est pourquoi on retrouvera cette lettre gravée au fond de nombreuses coupes, accompagnée souvent des chiffres 7 et 9.

## *Omamori*

Ces amulettes japonaises sont dédiées à un *kami* ou une figure bouddhiste et sont réputées procurer différentes formes de chance. Issus du mot signifiant « protection », les *omamori* sont des petits sachets de brocards contenant une prière ou une inscription sacrée. On en trouve à la fois dans les temples bouddhistes et les sanctuaires shintô. L'*omamori* porte le nom du temple dont il provient, son emblème ainsi qu'un motif brodé. Chaque *omamori* représente l'identité du temple et est unique. Certaines personnes les collectionnent. Un *omamori* vous servira de protection dans un cas et un domaine très précis : santé, réussite dans les études, mariage, contre les accidents de la route… Ne vous trompez pas en achetant le vôtre !

## *Ofuda*

L'*ofuda*, toujours au Japon, sera plus encombrant, surtout si vous achetez le grand modèle. Ce sont des planchettes de bois entourées de papier comportant des inscriptions de prières ou simplement le nom du temple. Un sceau rouge vient rendre le charme *officiel*. Les Japonais les achètent pour les poser chez eux sur l'autel ou les accrocher en hauteur.

## *Sator arepo tenet opera rotas*

Certains préconisent, pour tenir un cheval tranquille dans une étable, d'écrire sur un parchemin vierge et de lier au cou du cheval, le palindrome « *sator arepo tenet opera rotas* », formule d'un carré magique qui se lit dans les deux sens et reste encore mystérieuse de nos jours, malgré sa traduction apparente : « Le semeur [veillant] à la charrue tient avec soin ses roues. » Ces mots magiques valent également contre les fièvres, les nuisances des mauvais esprits, le mauvais sort, le tonnerre, la goutte, les serpents, tous les périls, et donnent à leur porteur force, santé, richesse, et pain quotidien… Quiconque portera sur lui ce brevet ne périra ni par le feu, ni par le glaive, ni par l'eau, ni par le poison, et toute femme enceinte accouchera sans danger.

## Les noms des anges

De nombreuses traditions évoquent l'existence de sept archanges, dont les noms sont utilisés pour créer des talismans. Michel, Gabriel, Raphaël, Uriel, Raguel, Barachiel étaient employés, tout comme les soixante-douze noms de Dieu, les ennemis, maléfices, serpents, venins et épidémies ou encore la prière de Charlemagne, que le pape Léon III lui aurait confiée pour le préserver contre tout mal et que certains soldats portaient encore durant la Première Guerre mondiale. Ces mots constituent de véritables porte-bonheur une fois enfermés dans des phylactères – de petits tubes en or ou en bronze – et portés autour du cou.

*Les Évangiles des quenouilles*, au XVe siècle, rapportent les conversations de six « sages doctoresses et inventeresses » qui, au cours de six veillées nocturnes, s'entretiennent sur différents sujets : les maladies, les remèdes, les recettes, les dictons, les conseils et enfin les interdits de la vie quotidienne. Elles expliquent notamment pourquoi il faut que le malade porte à son cou « les hauts noms [de Dieu] inscrits dans un petit sachet de soie » s'il veut guérir de la fièvre tierce.

## Le pentagramme magique

Johannes Reuchlin, philosophe et théologien allemand, est convaincu que l'hébreu, langue de la Bible, a une valeur spirituelle, notamment en raison de la tradition ésotérique de la Kabbale. Sa défense de la Kabbale lui vaut de sérieux ennuis avec les Dominicains de Cologne et l'Inquisition de Mayence, qui le condamna en 1513 pour avoir refusé de brûler des livres juifs. Mais Johannes Reuchlin fait appel à Rome et le Ve concile du Latran (1512-1517) prendra position en faveur de sa thèse, ne trouvant rien dans le Talmud contraire au christianisme. Dans son *De Verbo mirifico,* paru en 1494, il développe une vision originale du pentagramme magique de la Kabbale. La tradition cabalistique considère que le nom de Dieu écrit en hébreu, YHVH, Jahvéh, contient l'essence même du monde ; il va alors essayer de démontrer que Jésus est bien le fils de Dieu, puisque son nom possède les mêmes propriétés que celui de son père, Jésus, en hébreu, pouvant s'écrire YHSVH. Il donnera ainsi naissance à une nouvelle combinaison de lettres : le pentagramme magique, talisman par excellence.

# L'ANGÉOLOGIE

**« Quand je parlerais les langues des hommes et des anges, si je n'ai pas la charité, je suis un airain qui résonne, ou une cymbale qui retentit. Et quand j'aurais le don de prophétie, la science de tous les mystères et toute la connaissance, quand j'aurais même toute la foi jusqu'à transporter des montagnes, si je n'ai pas la charité, je ne suis rien. »**

**Saint Paul, Épître aux Corinthiens.**

Les anges ont des pouvoirs guérisseurs et sont des esprits au service de Dieu, c'est pourquoi ils viennent à notre secours et peuvent être invoqués. Les anges parlent avec nous, comme entre eux, une langue particulière. S'agit-il d'un langage ou d'une autre forme, non verbale, de communication ? En Occident, la croyance selon laquelle les anges communiquent en des langues inconnues ou archaïques appartient à des traditions mystiques hétérodoxes et non à l'orthodoxie chrétienne, ces langages étranges ayant toujours une résonance magique. Selon Ahmed ibn Moubarek, il existerait une langue des anges proche de la langue des oiseaux[19], langue symbolique cryptée, langue d'initiés qui fonctionne par analogie. Le mot « *Angelos* » vient d'ailleurs du grec *aggelos*, qui signifie « messager ». Judaïsme, christianisme, islam, zoroastrisme, tous les ont décrits comme ayant un rôle d'intermédiaire entre l'homme et la divinité : ce sont les anges qui transmettent les messages divins.

Les anges sont présents dès la Genèse et n'ont jamais interrompu leur lien avec les hommes : c'est un ange qui arrête le bras d'Abraham lorsqu'il va sacrifier son fils ; des anges montent et descendent l'échelle de Jacob qui touche le ciel ; ce sont eux qui préviennent Loth de la fin de Sodome ; c'est l'ange Raphaël qui accompagne Tobie aveugle ; Michel est l'ange du prophète Daniel. Les 72 noms d'anges décrits dans la Kabbale se partageraient les 360° du zodiaque. Il existerait une hiérarchie de neuf niveaux angéliques, qui seraient, du plus haut au plus bas : séraphins, chérubins, trônes, dominations, puissances, vertus, principautés, archanges et anges. Huit noms d'anges sont attribués à chaque catégorie.

Pour Al-Farabi, l'`nivers est constitué par des sphères d'intelligences célestes et Moïse Maïmonide, rabbin au XIIe siècle les appelle « Intelligences ». Selon le Zohar,

---

19. D'ailleurs, les oiseaux ont toujours été eux aussi considérés comme les messagers des dieux, les auspices interprétant le vol des oiseaux dans un carré magique.

œuvre maîtresse de la Kabbale rédigée au IIe siècle, l'ange Gabriel est l'ange de l'humilité chargé de briser l'orgueil, l'ange Michel ranime la foi dans le cœur de l'homme, l'ange Raphaël guérit les maladies et l'ange Uriel éclaire les hommes dans les ténèbres. C'est Gabriel qui annonce à Marie qu'elle attend Jésus, dont la naissance sera saluée par une légion d'anges ; c'est l'ange de la consolation qui apparaît au Jardin des Oliviers, et des anges apparaissent également au moment de la résurrection pour l'annoncer aux saintes femmes. Saint Michel, dans l'Apocalypse de saint Jean, combat pour la victoire de Dieu. *Malâk* désigne, en arabe, les anges qui sont envoyés pour soutenir les croyants. Certains anges gardiens sont aussi nommés les « Anges scribes », sans doute parce qu'ils transmettent nos prières au Ciel. C'est aussi l'ange Gabriel, Jibril, qui transmet la révélation du Coran au prophète Mahomet. Dans le Coran, on retrouve également saint Michel sous les traits de l'ange de la pesée des actes. Selon un *had'ith*, Dieu aurait créé l'ange à partir de la lumière et le djinn à partir de la terre.

Comment s'étonner que nombre d'images pieuses puissent alors représenter un ange accompagné d'une prière qui lui est dédiée ?

## Les anges gardiens

L'ange gardien est avant tout un protecteur ; toute personne aurait un ange gardien. Descendants des génies familiers de l'Antiquité, ces esprits protègent l'individu. Plutarque disait que l'éternuement était la manifestation de la présence d'un génie ; on dit aussi qu'un frisson est une confirmation des anges. Parmi les hommes célèbres qui se sentaient guidés par un ange gardien figurent Napoléon, George Washington ou encore Henri III – et beaucoup d'autres ne l'ont pas crié haut et fort.

L'ange gardien accompagne ainsi l'être humain de sa naissance à sa mort dans nombre de religions et de civilisations.

Cela étant, la grande question, qui court au fil des siècles, est toujours : anges ou démons, à qui s'adresse-t-on ? Certains vont penser y répondre en distinguant les brevets ne contenant que des prières de ceux qui comportent des signes étranges, et ne peuvent pas s'adresser à des anges, mais à des démons.

## Les djinns, médiateurs ou démons

Les djinns prennent diverses formes, dont celles d'humains ou d'animaux. Ils étaient vénérés par les Arabes bien avant l'avènement de l'islam, le terme étant utilisé pour toutes sortes d'entités surnaturelles. Les anges et démons, qu'ils soient zoroastriens, chrétiens ou juifs étaient qualifiés de « djinns ». Selon une croyance arabe très répandue, les devins, philosophes et poètes sont inspirés par des djinns, mais on les craint aussi, car ils sont considérés comme responsables de maladies, surtout des maladies mentales.

Ces djinns ne sont-ils pas les enfants de nos génies antiques, ce *Petit Peuple* qui se démenait jadis, fées en tête, pour nous aider à mieux comprendre les choses de la vie, avec ou sans lampe merveilleuse ? Il existerait une quinzaine de sortes de djinns, toutes liées aux éléments et aux animaux, au serpent notamment. Ces créatures vivent près des points d'eau, dans les endroits déserts, les cimetières et les forêts.

# L'ASTROLOGIE, AU CŒUR DU TALISMAN

Durant des siècles, les sciences occultes n'étaient pas considérées comme des excentricités de savants illuminés : leurs partisans croyaient aux connexions secrètes unissant tous les objets de la Création, et ils attribuaient aussi à leur science une valeur opératoire.

L'astrologie repose sur deux présupposés : les astres exercent une influence sur le monde inférieur : c'est la causalité astrale, et l'individu peut lire dans le ciel les configurations des astres et en déduire de façon prévisionnelle les événements qui en découleront. L'astrologie a ainsi longtemps été au cœur de la conception du monde et nous offre en conséquence l'une des clefs centrales de la compréhension des talismans et des amulettes.

Elle existait en Égypte 4 000 ans avant J.-C., mais ce sont les Babyloniens qui transmettent la science astronomique à la Grèce. Le *Livre de l'agriculture nabatéenne*, écrit sous le règne de Nabuchodonosor, personnage biblique, roi de Babylone vers 1135 avant notre ère, témoigne de l'importance d'un centre culturel à Babylone dès la plus haute Antiquité.

## Ptolémée et Galien

Au Vᵉ siècle avant notre ère, l'astrologie tenait une place essentielle dans la conception du monde des Babyloniens, mais c'est au IIᵉ siècle, avec Ptolémée et Galien, qu'elle prend son essor. Ptolémée décrit dans l'*Almageste* une théorie géocentrique et mathématique qui permet d'apprécier le mouvement des planètes avec exactitude. Il transmet également, dans la *Tétrabible* – *Quadripartitum* en latin –, l'essentiel des théories dont les astrologues vont s'inspirer pour tenter de comprendre le monde. Quant à Galien, dans son traité *De diebus creticis*, il met en relation avec les astres les humeurs du corps humain et les maladies qui en résultent. Les ouvrages de Ptolémée se répandent à Byzance, à Bagdad, puis dans l'ensemble des pays musulmans et connaissent, en s'enrichissant des apports perses et indiens, un âge d'or du VIIIᵉ au XVᵉ siècle.

## *Les Frères de la pureté*

Le califat abbasside renverse la dynastie omeyyade en 750 et enclenche un âge d'or de la civilisation islamique, qui s'étendra jusqu'à la prise du pouvoir par le clan turc des Bûyides en 945. L'empire abbasside s'étend de l'Afrique du Nord aux confins de l'Indus. Bagdad devient alors l'un des plus importants pôles culturels du monde et redécouvre les civilisations qui ont précédé l'Islam, en particulier celles de la Perse, de l'Inde et du monde hellénistique. Le calife Al-Mahdi fait traduire des écrits syriaques et grecs de philosophie, de médecine, d'astrologie et de science. Les califes qui lui succéderont, Haroun al-Rachid et Al-Mamun, poursuivront son œuvre. Aristote et la pensée grecque se répandent dans le monde arabo-musulman, puis en Occident, grâce à eux.

Les principes pythagoriciens et les théories aristotéliciennes inspirent un texte imposant : les *Épîtres des Frères de la pureté*, *Rasa'il Ikhwan al-Safa*, écrits consacrés à la science et à la philosophie qui réservent une place importante aux sciences occultes, comme l'astrologie, l'alchimie et la magie sous ses différentes formes, et seront une source d'inspiration majeure pour un autre texte : le *Picatrix*, considéré comme le manuel de magie talismanique par excellence, car il y est beaucoup question de talismans magico-astrologiques et de *stellarum suffumigationes* destinés à infléchir les esprits planétaires.

L'astrologie arabe n'arrive en Occident qu'à la fin du X<sup>e</sup> siècle, avec *Ahkâm al-nujûm* ou *Le Jugement des étoiles*, et, jusqu'au début du XII^e siècle, les Occidentaux ne pratiquent qu'une astrologie élémentaire.

## *Picatrix*

Ce livre de magie et d'astrologie du milieu du XI^e siècle, attribué à Al-Majrîtî (950-1008), écrit à l'origine en arabe sous le titre *Ghayat al-Hakim* ou *Le But du sage,* voit le jour au sein d'une civilisation éclairée, Al-Andalus, qui irradie son savoir à partir de la ville de Cordoue, en Espagne. Inspiré par de très nombreux ouvrages de magie astrale dont l'*Encyclopédie des Frères de la pureté* et d'autres opuscules magiques, astrologiques et hermétiques du Proche-Orient, l'ouvrage connaît un grand renom à la Renaissance en raison de la traduction qu'en fait Alphonse le Sage, dit « le savant », roi de Castille et de León. Le *Picatrix* commence par définir la *nigromancia*, magie noire qui se rapporte à « toutes les choses qui sont cachées à l'appréhension et dont la majorité des hommes ne comprennent pas comment elles se font ni de quelles causes elles proviennent ». Cette science se divise en trois parties : les opérations qui se font « de l'esprit sur l'esprit », la fabrication des images talismans, qui consiste à appliquer « un esprit dans un corps » et, enfin, la troisième partie : l'alchimie, application d'« un corps dans un corps ». Très influencé par l'alchimiste Jâbir ibn Hayyân (721-815), l'auteur soustrait les pratiques magiques de toute influence diabolique : elles ont une origine divine. Le *Picatrix* explique que le pouvoir du talisman vient en partie de la conjonction « de la vertu terrestre et de la vertu astrale », tout en accordant une grande place aux « esprits planétaires » en lien avec les êtres humains.

## Raymond de Marseille

Pour Raymond de Marseille, au XIIe siècle, l'astronomie qui étudie le cours des astres et l'astrologie qui se prononce sur l'influence des corps célestes sont complémentaires. « Les planètes opèrent, dit-il, dans les signes, de manière efficace et merveilleuse, comme les âmes dans les corps, selon les instructions de leur admirable Créateur[20]. » Les signes du zodiaque n'ont-ils pas été donnés par Dieu aux hommes ? « Que les luminaires "servent de signes, tant pour les fêtes que pour les jours et les années" » (Genèse 1, 14).

Raymond de Marseille ne considère pas pour autant qu'un jugement astrologique peut être tenu pour certain, il précise que toute prédiction doit être suivie de la formule « si Dieu le veut », « *si Deus voluerit* ».

20. Raymond de Marseille, *Liber cursuum planetarum*, 1141.

# Michel Scot

**« Et celui-ci, qui a les flancs si décharnés,
fut Michel Scot, qui connut fort bien
le jeu des impostures de la magie.
Vois Guido Bonatti, vois Asdente,
qui voudrait à présent n'avoir connu
que le cuir et le fil, mais se repent trop tard.
Vois les malheureuses qui laissèrent l'aiguille,
la navette et le fuseau, pour se faire devineresses ;
elles firent des enchantements avec herbes et
images. »**

**Dante, *La Divine Comédie*, « L'Enfer »,
1303-1321, trad. de J.-P. Boudet.**

Dante met Michel Scot aux côtés de Guido Bonatti, astrologue célèbre, et de Benvenuto Asdente, prophète en son temps, dans l'Enfer de sa *Divine Comédie*, pour avoir professé l'astrologie, sachant, malgré tout que cela n'empêchera pas le poète de proclamer dans la même *Divine Comédie* que « tout son génie » lui vient des étoiles et de la position du Soleil dans le signe des Gémeaux lors de sa naissance (« Paradis » XXII, v. 112-119).

Michel Scot, écossais, philosophe et traducteur au XIIIe siècle des commentaires d'Averroès sur Aristote, a été formé à Tolède et est l'un des savants à avoir l'oreille de l'empereur du Saint-Empire Frédéric II, roi de Germanie, de Sicile, d'Arles et de Jérusalem, qu'on nomma *Stupor Mundi*, la Stupeur du monde, ou encore le « prodigieux transformateur des choses », tant il éblouit son époque par son ouverture d'esprit. Le *Liber introductorius* de Michel Scot est un texte astronomico-astrologique dédié à l'empereur qui montre leur fascination à tous deux pour la magie et pour l'astrologie, qu'ils vont largement contribuer à répandre.

## Alphonse X

Alphonse X monte sur le trône de Castille en 1252 et l'occupe jusqu'en 1284. Le roi Salomon est son grand modèle, mais il est surtout le digne héritier de la science arabe. Il établit, à Séville, des études et écoles générales de latin et d'arabe : il s'agit pour lui d'intégrer et de traduire dans la langue castillane la science des étoiles et de la magie arabe et juive. On l'a vu, on doit à Alphonse X la traduction du *Picatrix*, mais également d'une série d'ouvrages qui seront réunis dans une vaste compilation de seize traités vers 1280 : le *Libro del saber de astrologia*, le *Livre du savoir astrologique*. Il est le seul souverain européen du Moyen Âge à avoir patronné l'élaboration de traités de magie astrale, dont le *Libro de astromagia*, dans lequel il est question des signes du zodiaque, des décans, des talismans des planètes et des signes, ainsi que des anges planétaires.

# Arnaud de Villeneuve

Arnaud de Villeneuve enseigna la tradition des secrets naturels, des talismans planétaires, des préparations ou régimes pour conserver la santé et la vigueur, quel que soit l'âge. C'est l'un des hommes les plus savants du XIII^e^ siècle. Trois rois et trois papes au moins furent ses patients et ses défenseurs. Le *De sigillis* qui lui est attribué – peut-être à tort – décrit douze sceaux, un par signe du zodiaque, ainsi que le métal dans lequel chacun doit être fabriqué et la configuration céleste requise au moment de la fusion, la figure zodiacale à représenter, les paroles à prononcer et à inscrire sur le talisman de même que les effets qui en découlent. Le sceau du Bélier protège, par exemple, des démons, ennemis, maléfices, dangers, maladies, tempêtes, inondations, corruptions de l'air et pestilences et offre richesse et faveur. Celui qui le porte sera honoré et craint en toute occasion. Autre exemple, le sceau du Lion, doit, lui, être fabriqué le deuxième jour des calendes d'août (22 juillet) et sa mise au point nécessite la récitation d'une prière : « *Exurge, Leo de tribu Juda, et intende judicio meo* [...] » et du psaume 42 ; les noms de l'ange Thehoel et de saint Jacques doivent aussi être inscrits sur le sceau, de même qu'une formule tirée de l'Apocalypse 5, 5 : « *Vicit Leo detribu juda, radix David. Alleluya* », et deux noms divins, Heloy et Saday. Arnaud de Villeneuve aurait utilisé avec succès « peu après la fin du mois de juillet » de 1301, alors que le Soleil était dans le signe du Lion, un sceau de ce genre sur la personne de Boniface VIII, qui souffrait de la maladie de la pierre.

## Paracelse

**« Chaque chose soumise à l'action du temps est soumise à l'action du ciel. »**

**Paracelse**

Théophraste Bombast Von Hohenheim, né en 1493, étudie la médecine de 1509 à 1515, puis est nommé médecin de la ville de Bâle en 1527 et dispense des cours à l'université, avant de se voir retirer son diplôme pour avoir critiqué l'état des pharmacies.

Pour lui, la maladie est aussi invisible que le vent et tout traitement se doit d'être spécifique. Les astres auraient une fonction prophétique en ce qui concerne la santé des individus, parce que « chaque chose soumise à l'action du temps est soumise à l'action du ciel ». Le ciel extérieur est un indicateur du ciel intérieur, et il n'y a rien dans le corps humain qui ne soit aussi représenté à l'extérieur de lui. Le médecin est l'instrument de Dieu, via la nature, et doit avoir l'esprit ouvert et une grande culture.

Dans ses sept livres de l'*Archidoxe*, il consacre plusieurs pages à l'usage de talismans pour guérir les maladies, proposant des talismans pour différentes maladies mais aussi des talismans pour chaque signe du Zodiaque, à fabriquer selon des conditions bien précises. Il décrit ainsi les sceaux consacrés aux signes du Zodiaque, leur utilité et les matières dont ils doivent être constitués, mais également d'autres talismans contre les maladies du cerveau, la paralysie, les calculs rénaux, les parties génitales, la goutte, etc.

Pour la conservation de la vue, par exemple, il recommande de fabriquer un sceau rond de plomb très précisément à l'heure de Vénus, la Lune versant dans le signe du Bélier :

**« À l'heure de Vénus, tu graveras ce qui est décrit sur la figure. Puis, à l'heure de Saturne, fabrique-toi une lamelle de cuivre, de même dimension que celle de plomb. Toujours à l'heure de Saturne, la Lune dans le Capricorne, tu graveras les signes suivants. Ceci fait, laisse de côté les deux sceaux jusqu'à ce que Mercure rentre en conjonction avec Saturne. Alors, au point de cette conjonction, réunis les deux signes de telle sorte que les caractères et figures se regardent. Recouvre-les de cire pour les protéger de l'humidité. Couds le tout dans de la soie et suspends-le au cou à l'heure de Mercure, un mercredi. Ce signe fait recouvrer la vue, garde les yeux de toutes les**

**douleurs, donne aux vieillards la même vue que les jeunes gens. »**

---

**Paracelse, *Les Sept Livres de l'archidoxe magique*, 1526.**

Le sceau du Bélier, quant à lui, est fabriqué avec or, cuivre, fer et argent. Il faut le fondre absolument le 10 mars, quand la Lune est dans le signe du Bélier, graver et achever le sceau dans la même heure et le suspendre quand Mars se trouve le neuvième jour du domicile céleste dans le huitième ciel. Son rôle consiste à purger le cerveau et à dessécher son flegme, mais, pour obtenir un résultat, il faut le porter jour et nuit en contact avec la tête, signe du Bélier tourné au-dessous du cerveau. Pas si simple, donc !

Paracelse passe en revue chaque signe et les particularités qui lui sont propres afin de constituer son talisman spécifique.

# LA MAGIE ET L'HISTOIRE DU TALISMAN

**« Or veons qu'est sorcerie : sorcerie si est si comme uns hons ou une fame fet entendant a un varlet [jeune homme] qu'ele li fera avoir une meschine [jeune fille] a mariage, laquele il ne pourroit avoir ne par amis ne par avoir, et li fera entendant qu'ele li fera avoir par force de paroles ou par herbes ou par autres fes qui sont mauves et vilain a ramentevoir. »**

---

**Philippe de Beaumanoir, *Coutumes de Beauvaisis*, achevées en 1283.**

La magie est liée en bonne partie aux astres, plantes, pierres et aux animaux et, bien entendu, souvent associée aux talismans. La plupart des traités qui fleurissent aux XIIe et XIIIe siècles relèvent d'une magie dont le destinataire, esprit, ange ou démon, reconnaît le message linguistique et rituel que le magicien lui envoie et y répond en conséquence. Les mages sont soit des *enchanteurs*, soit des *maléficieurs*, et la *sorcerie* est un instrument de pouvoir capable de suppléer richesse et relations si on veut obtenir quoi que ce soit… Mais beaucoup font la différence entre une magie vraie et une magie qui ne produit que des illusions, une magie interdite et une magie licite qui repose sur l'invocation sincère de Dieu.

## La nigromancie ou magie noire

La *nigromantia* est l'art d'attirer les esprits. Elle relève d'un croisement entre une culture nourrie de connaissances astrologiques et de pratiques incantatoires venues des Grecs et d'auteurs musulmans jouant sur les nombres ou des signes dotés d'une signification symbolique. Les incantations visant à exorciser les personnes possédées par des djinns, par exemple, sont considérées comme des pratiques médicales. Le carré magique a la même fonction que la tisane de plantes pour guérir une maladie : il s'agit dans les deux cas de s'appuyer sur une connaissance poussée des lois naturelles qui gouvernent le cosmos. Le talisman sur la porte de la maison pour chasser la maladie a la même force qu'un remède. La magie est au croisement de différentes branches du savoir : médecine, minéralogie, phytothérapie, mais aussi les mathématiques, l'astrologie, la chimie.

## *De imaginibus*

Le magicien, au Moyen Âge, est à la fois astrologue, capable de lire les étoiles, et chargé d'établir un lien avec le ciel grâce à une foi inébranlable et à sa maîtrise d'un rituel qui passe par ce que l'époque nomme *les images* ; images relevant de la même efficacité que les recettes de médecine.

Thabit ibn Qurra, né en 826 et mort en 901, astronome, astrologue, mathématicien, philosophe et musicologue ayant vécu en Turquie et en Irak et plus connu sous le nom de Thebit en Occident, a écrit, entre autres ouvrages, le *De imaginibus*, consacré aux talismans. Cet ouvrage rencontre un franc succès en raison de ses recettes pratiques, comme celle pour faire fuir les scorpions[21]. D'autres *images* sont destinées à détruire des villes, à récupérer un bien, à faire prospérer ses affaires, à dominer une cité, à engendrer la faveur d'un prince, à susciter l'amour ou la discorde, etc.

---

21. Il est précisé qu'il faut opérer lorsque le signe du Scorpion est à l'ascendant, puis fabriquer une image de scorpion en bronze, en étain, en plomb, en argent ou en or. Ensuite, il faut sculpter sur l'image le nom de l'ascendant, du seigneur de l'ascendant, du seigneur de l'heure du jour où on se trouve, le nom de la Lune, et que la Lune soit dans le Scorpion, et, ce n'est pas tout, il faut procéder à des incantations, enterrer l'image la tête en bas à l'endroit exact dont on désire chasser l'espèce, et, en l'enterrant, dire : « Voici la sépulture de cette image et de cette espèce, afin qu'elle ne pénètre plus dans ce lieu. »

# Les *Cyranides*

Les *Cyranides*, ou *Kyranides*, de Kyranos, roi de Perse imaginaire, est un ouvrage grec en quatre livres écrits entre le Ier et le IVe siècle, qui décrit les propriétés occultes des oiseaux, poissons, plantes et pierres, et des eaux thermales ou minérales, et leurs correspondances, ou *sympatheiai*. Hermès Trismégiste puis Valerius Harpocration y révèlent leurs vertus thérapeutiques ou merveilleuses et expliquent comment fabriquer les talismans[22]. On y trouve des recettes sur la constitution de phylactères concernant les animaux :

> **« L'aigle, roi de tous les oiseaux, est de couleur sombre : quand il vole sous l'éther, tout volatile frémit. Il a une grande puissance. Après l'avoir pris à la chasse, garde-le vivant un jour et une nuit ; ensuite, après avoir lié d'abord l'aigle et son bec, dis à son oreille : "Aigle, ami de l'homme, maintenant je t'immole pour toute cure dans laquelle tu es efficace." Puis, prenant une épée toute en fer et brûlant des parfums, dis : "Ï merveille !" Ayant pris un aigle à la chasse, celui qui portera son cœur, la peau de sa tête, ses yeux et la pointe de ses grandes ailes, sera amoureux et chéri. Et celui qui les porte**

22. Le titre original de l'ouvrage est : *Liber Kyramidarum, seu liber physicalium virtutum compositionum et curationum collectus ex libris duobus, es primo videlicet kyrannidarum Kyranni, regis Persarum, et ex libris Arpocrationis Alexandrini*, le « Livre des vertus naturelles, des sympathies et antipathies, formé de l'assemblage de deux livres, de celui de Kyranos, roi des Perses, et de ceux d'Harpocration d'Alexandrie dédiés à sa propre fille ».

**dans un phylactère sera rendu par là pacifique, aimé et amoureux : et s'il s'avance au milieu des combats, il ne sera pas blessé, il ne subira pas davantage de dommages de la tempête ou de la foudre, mais en tout il sera bien vu et tranquille. Mais il faut le porter cousu dans sa propre peau, et placé dans un tube d'or. Si quelque pêcheur porte sur lui son ventre ou sa tête ou la pointe de ses ailes, jamais il ne fera ni mauvaise pêche ni mauvaise chasse. »**

## Hermès Trismégiste et *La Table d'émeraude*

**« Ce qui est en bas est comme ce qui est en haut, et ce qui est en haut est comme ce qui est en bas. »**

**Hermès Trismégiste, *La Table d'émeraude*.**

Trois Hermès auraient existé selon la tradition arabe : l'Hénoch ou Idris des Hébreux, l'Hermès babylonien et l'Hermès égyptien, qui aurait porté le nom de Trismégiste. Hermès Trismégiste serait, selon la tradition ésotérique, fils d'Agathodé, lui-même fils de Thot, dieu égyptien et Seigneur du temps[23]. Hermès Trismégiste,

23. Un texte ancien relate sa naissance : « Au sein de l'océan primordial apparut la terre émergée. Sur celle-ci, les Huit vinrent à l'existence. Ils firent apparaître un lotus d'où sortit Rê (dieu solaire créateur), assimilé à Shou, (la lumière). Puis il vint un bouton de lotus d'où émergea une naine, auxiliaire féminin nécessaire, que Rê vit et désira. De leur union naquit Thot qui créa le monde par le Verbe. »

« le trois fois très grand », apparaît au IIe siècle de notre ère dans l'Égypte hellénistique et aurait écrit un corpus de textes, les *Hermatica,* de même qu'un texte court : *La Table d'émeraude*, *Tabula Smaragdina*, qui souligne la correspondance entre microcosme et microcosme : « Ce qui est en bas est comme ce qui est en haut, et ce qui est en haut est comme ce qui est en bas. » La plus ancienne version de *La Table d'émeraude* a été retrouvée en appendice d'un traité arabe du VIe siècle consacré à la magie talismanique. *Kitâb sirr al-Halîka*, le *Livre du secret de la Création,* se présente comme une traduction d'Apollonius de Tyane, de son nom arabe Balînûs, autrement nommé le « Maître des talismans et des merveilles ». Balînûs raconte comment il a pénétré dans une crypte située sous la statue d'Hermès et y a découvert cette tablette d'émeraude entre les mains d'un vieillard assis, qui détenait aussi le *Livre des secrets de la magie des talismans*[24].

## Les images talismaniques

Il est question, dans les textes d'Hermès Trismégiste, de fabriquer, dans différentes matières, plomb, argent, or, à des moments astrologiquement bien précis, des *images.*

24. L'Égypte devenue chrétienne et byzantine sera conquise en 640 par les Arabes, qui vont perpétuer sa tradition ésotérique. On retrouvera *La Table d'émeraude* dans le *Kitab Ustuqus al-Uss al-Thani*, *Livre élémentaire du fondement*, attribué à l'alchimiste du VIIIe siècle Jâbir ibn Hayyân, connu en Europe sous le nom de Geber, et considéré comme l'un des pères de la chimie.

Chacune de ces images est un talisman qui va prendre des formes diverses. Le magicien doit procéder à des rituels ciblés en fonction de ce qu'il recherche. Certaines de ces *images* sont destinées à *lier* les langues, d'autres à susciter l'amour des rois et des puissants, à *lier* les animaux contre lesquels on veut se prémunir ou avec lesquels on aimerait créer un lien. Les noms des anges sont également souvent attachés aux images en question. Ces images doivent être enterrées ou portées autour du cou, mais peuvent aussi être formées de statuettes sculptées ou moulées.

## Salomon le magicien

Salomon est dépeint par le Coran comme un prophète ayant régné sur le royaume d'Israël au Xe siècle avant J.-C., bâtisseur du premier temple de Jérusalem, détenteur du don de parler aux animaux, reconnu pour sa sagesse et à qui Dieu donna le don de maîtriser les vents. Flavius Josèphe, au Ier siècle, nous apprend qu'il est l'auteur de trois mille livres d'exorcismes et d'incantations contre les maladies engendrées par les démons.

## L'anneau de Salomon

Dans le premier de ces ouvrages, *Le Testament de Salomon*, Salomon reçoit un jeune garçon, fils du chef de chantier du temple qu'il est en train de bâtir qui se plaint de se voir dérober chaque nuit la moitié de son salaire et de sa nourriture par un démon. Salomon prie alors Dieu afin qu'il lui octroie le pouvoir de maîtriser ce démon. Dieu lui répond en lui envoyant un archange qui lui offre un anneau avec une pierre gravée d'un sceau, qui devra lui permettre de contrôler et d'emprisonner les démons. Salomon dit donc au jeune garçon de jeter cet anneau sur le démon qui l'importune afin de l'emprisonner puis de le lui emmener. Il interroge le démon qui lui dévoile toutes ses connaissances. L'anneau, connu sous le nom du « Sceau de Salomon », commande aux djinns et aux shayatines, génies et démons, qui sont soumis aux ordres de celui qui le possède et ont aidé Salomon à bâtir son temple. L'anneau de Salomon représente le talisman par excellence. Cet anneau magique qui donne le pouvoir de commander les esprits et de parler avec les animaux serait constitué de fer et de laiton serti de quatre joyaux et gravé du nom de Dieu. Des textes plus tardifs l'apparentent à l'étoile de David ou à un pentagramme illustré de signes mystiques complexes, censés eux aussi représenter le nom de Dieu, un pentalpha, constitué par cinq « A » formant une étoile. Le sceau peut aussi être sculpté dans du cristal et monté sur un anneau d'or rouge ou d'argent pur.

## La *Clavicule de Salomon*

La *Clavicule de Salomon* est le nom donné à différents grimoires attribués à Salomon. L'Inquisition affirma à plusieurs reprises avoir brûlé ces grimoires, en même temps que de nombreux autres traités de nigromancie.

La *Clavicula Salomonis* est consacrée aux conditions d'exercice et aux buts de la magie. Le livre I décrit les circonstances temporelles favorables aux *experimenta* en fonction des planètes, les cercles et conjurations destinés à y attirer les esprits démoniaques, et les principaux signes et figures nécessaires pour garantir la sécurité du magicien. D'autres procédés relatifs à la découverte de l'objet d'un vol, à l'invisibilité, l'amour, la faveur des puissants, la haine et la destruction, la moquerie et la dérision, ainsi que des *experimenta extraordinaria*, maléfices et contre-maléfices, y sont décrits.

Le livre II décrit les acteurs et éléments du rituel, la façon dont doit se comporter le maître magicien qualifié d'*exorcisator*, les jeûnes, abstinences, bains et ablutions utiles à la purification du maître et de ses disciples, le lieu secret du rituel, ses instruments… Il énumère couteaux, épées, calames, aiguilles, eau bénite, hysope, sang de chauve-souris, cloche, luminaires, cire, parchemin vierge, caractères magiques, les sacrifices nécessaires aux esprits, les vêtements et chaussures du magicien, etc.

La *Clavicule de Salomon* donne un rôle central au maître magicien qui a tout pouvoir grâce à l'anneau talismanique et qui est seul capable d'enrayer l'action des démons.

## *De quatuor annulis*

Dans le *De quatuor annulis*, attribué à des disciples de Salomon, est décrit l'espace de conjuration que le magicien et ses *socii* (compagnons) doivent mettre en place, avec quatre colonnes aux quatre points cardinaux, un cercle de trente-quatre pieds de circonférence pour attirer les esprits. Le magicien doit posséder quatre épées et une « verge de noisetier disposée à la manière d'un sceptre royal ou d'une verge pastorale ». Il s'agit là d'un manuel d'invocation des démons, et les *candaries* sont similaires aux *caractères* et aux *sigilla* présents dans les traités de magie astrale, mais ces signes magiques semblent s'adresser à des entités plutôt démoniaques. Il est question, dans cet ouvrage, de fabriquer des images de cire en trois dimensions, dont l'une doit être réalisée en cire de Tolède. Ces figures servent à contraindre la volonté d'un tiers, à provoquer l'amour, la discorde, la maladie ou la guérison et à exorciser les mauvaises actions des djinns.

# Albert le Grand

**« Je n'ai pas cru cela pendant longtemps, mais après avoir lu les livres de nigromancie, les livres d'images et de magie, j'ai trouvé que la disposition de l'âme de l'homme est la très grande racine de toutes ces choses, soit que par une grande affection il change son corps et d'autres choses vers quoi il se tourne, soit qu'à cause de sa dignité, toutes les choses de moindre valeur lui obéissent, soit qu'une heure convenable, un ordre céleste ou une autre force concourent à ce qu'une telle affection soit éliminée. »**

**Albert le Grand, *De mineralibus*.**

Albert le Grand, dominicain né au début du XIIIe siècle en Bavière, mort en 1280 à Cologne et béatifié en 1622, dont Thomas d'Aquin fut l'élève, s'intéresse à l'alchimie et se prétend lui-même magicien : « *Etiam nos ipsi sumus experti in magicis* », « Bien plus, nous sommes experts en magie » (*De anima*, I, 2, 6).

Il connaît les ouvrages magiques d'Ibn Qurra et le *Picatrix*. Évêque de Ratisbonne et professeur, notamment à la Sorbonne il écrit de très nombreux ouvrages scientifiques et philosophiques. On lui attribue la création d'un des premiers automates car, dans son *De anima*, il parle d'une Minerve de bois qu'il aurait construit de ses mains. Il justifie, dans le *De vegetalibus et plantis* et le *De mineralibus,* l'usage des plantes et des pierres précieuses dans la magie en attribuant leurs propriétés occultes à l'influence des corps célestes :

> **« Il y a en effet dans l'homme un double principe d'action (*operum*), à savoir la nature et la volonté. Et la nature, bien sûr, est régie par les étoiles. La volonté, bien sûr, est libre, mais à moins qu'elle ne résiste, elle est entraînée et endurcie par la nature. Et comme la nature est mue par les mouvements des étoiles, la volonté alors commence à être inclinée selon le mouvement des étoiles et des figures. »**

---

**Albert le Grand, *De mineralibus*.**

L'art de fabriquer un talisman, de graver ou tracer dans un métal, une pierre ou un autre matériau à un moment privilégié, au moment, par exemple, du passage d'un astre précis, le dote de vertus ou pouvoirs imprimés par la constellation ou l'astre à ce moment précis. Mais si l'on peut aisément accepter que les pierres, plantes et métaux produits par la nature soient dotés de vertus, comment, en revanche, des images gravées par unrtisan peuvent-elles avoir une vertu particulière ? La nature peut avoir ses forces propres, mais qu'en est-il d'un objet fabriqué par l'homme ?

L'artisan, celui qui fabrique le talisman est, pour Albert le Grand, le maillon d'une chaîne qui conduit de la constellation astrale au talisman. La fabrication d'une chose simple et celle d'un talisman astrologique relèvent par conséquent du même procédé. De la même façon qu'un médecin administre un médicament à un moment astrologiquement convenable pour le corps de son patient, que la nature grâce à l'influx astral réalise des talismans dotés *naturellement* de vertus, la science du talisman s'explique par le rôle de l'artisan qui devient le médiateur d'un flux. Cette notion de *fluxus*, toujours selon Albert le Grand, signifie littéralement l'écoulement, l'épanchement d'une matière liquide, et par dérivation, le sens d'une procession émanant d'un Principe. Cet influx, astral ou pas, n'est-il pas très proche de la notion d'énergie de la matière qui nous paraît aujourd'hui évidente ?

Si l'artisan est le maillon d'une unique chaîne causale qui part des astres, la fabrication d'un talisman ne relève en rien d'une magie maléfique : l'artisan est l'écho, le récepteur d'une causalité astrale, seule capable d'introduire une nouvelle forme dans le métal ou la pierre, il n'est qu'un instrument de cette causalité qui, d'ailleurs, lorsqu'il s'agit d'*images* naturelles, se passe de l'artisan.

Certains écrits attribués à Maître Albert ne seront imprimés pour la première fois qu'en 1651, avec un délai de plus de 400 ans.

## *Le Grand Albert*

Les traités talismaniques sont pléthores à l'époque d'Albert le Grand. L'un d'entre eux, intitulé *Secreta* ou *Experimenta Alberti*, décrit les vertus merveilleuses de seize herbes, dix-huit animaux et quarante-cinq pierres, leur pouvoir et leur présentation. La magie n'y est pas considérée comme néfaste, mais, comme dans la plupart des traités, peut-être par peur de l'Inquisition, l'on trouve dans son introduction en quoi la *scientia magicalis* est bonne ou mauvaise selon la finalité poursuivie et l'usage qui en est en fait.

*Le Grand Albert* ou *Liber Secretorum Alberti Magni de virtutibus herbarum, lapidum et animalium quorumdam*, « Livre des secrets d'Albert le Grand sur les vertus des herbes, des pierres et de certains animaux » est également attribué au grand dominicain, on y lit de nombreux passages qui se réfèrent aux talismans comme à la thèse du *simillimum* :

**« Si on veut devenir sage et ne faire point de folies, on n'a qu'à prendre une pierre qui se nomme "chrysolithe". »**

**Livre II, « *De vertutibus herbarum, lapidum et animalium qurundam* » (Des vertus des plantes, des pierres et de certains animaux).**

**« Tout ce que l'on appelle "chose merveilleuse et surnaturelle" et que l'on nomme vulgairement "magie" vient des affections de la volonté ou de quelque influence céleste à certaines heures particulières... Tout être communique à toutes les choses auxquelles on le joint ses vertus et ses propriétés naturelles, comme on le voit dans le lion, qui est un animal intrépide et naturellement hardi, car si quelqu'un porte sur soi son œil ou son cœur ou bien la peau qui est entre ses deux yeux, il deviendra courageux, intrépide et donnera de la terreur à tous les autres animaux. »**

---

**Livre II, « *De mirabilibus mundi* » (Des merveilles du monde).**

En 1668 paraissent *Les Secrets merveilleux de la magie naturelle du Petit Albert* enrichi de figures mystérieuses, d'astrologie, physiognomonie... *Le Petit Albert* explique comment confectionner des talismans en gravant des plaques de métal. L'efficacité supposée du talisman est atteinte lorsque l'on connaît les affinités entre métaux (l'or, par exemple, correspond à Jupiter et au Soleil et permet d'obtenir la bienveillance des puissants), les conjonctions astrales appropriées, les planètes et leurs effets, et surtout en fonction de la demande. Il faut demander ce qu'il faut, comme il faut et à qui il faut.

Si le *Grand* et le *Petit Albert*, grimoires occultes, font l'objet de quelques interrogations quant à leur écriture par Maître Albert ; le *Speculum astronomiae* ou « Miroir de l'astronomie », *De refutatione librorum astronomiae, incipit Occasione quorundam librorum apud quos non est radix sciencie* lui est attribué avec certitude. Il y considère l'astrologie comme une forme chrétienne de savoir et rend compte des esprits ou des anges inscrits sur les talismans ainsi que des *caractères* ou des figures des planètes : « Sept noms d'Anges sont gravés [sur des talismans] dans le bon ordre [c.-à-d. de gauche à droite] pour obtenir un effet positif, et dans l'ordre inverse [c.-à-d. de droite à gauche] pour obtenir un effet négatif. »

La nigromancie est considérée par Maître Albert comme une science vénérable subordonnée à l'astrologie et, à condition, bien sûr, de ne pas invoquer les puissances du mal, la science des images et des sceaux ne va pas à l'encontre du christianisme.

## Roger Bacon

Roger Bacon, un Anglais, est surnommé « docteur *mirabilis* », le docteur admirable, au XIII^e siècle, et est considéré comme un pionnier de la démarche scientifique moderne. Il rêvait d'une université fondée sur la connaissance d'Aristote, d'Avicenne et d'Averroès, des sciences et de la langue arabe dont il se sentait profondément redevable. Dans une lettre dédicace au pape Clément IV, il expose ses projets : *Opus minus* (1265), *Opus majus* (1268), *Opus tertium* (1270), ainsi que *De speculis comburentibus* (« Sur les miroirs ardents »), et des opuscules sur l'astrologie et l'alchimie. Dans *Opus majus*, il explique qui sont les savants : des philosophes et saints personnages qui ont transmis la vertu des *caractères*. Son objectif : promouvoir une *scientia experimentalis*, recouvrant la connaissance des choses cachées et la possibilité de réaliser des opérations merveilleuses « par les œuvres de la nature et de l'art ». Pour lui, l'astrologie constitue la partie la plus importante des sciences mathématiques et les *caractères* et les *carmina* (incantations) sont naturels, en fonction de leur fin bénéfique ou maléfique. Pour lui, même s'il existe des pratiques semblables, portant sur les mêmes choses, ces mêmes choses peuvent devenir bonnes et mauvaises. L'acte, encore une fois, ne vaut que par l'intention. Il y a décidément un bon et un mauvais usage des *caractères* et des incantations. La visée et la force du talisman vont en dépendre.

## Guillaume d'Auvergne

Guillaume d'Auvergne est l'un des théologiens majeurs de la première moitié du XIIIe siècle et joue un grand rôle dans le rejet par les docteurs chrétiens de toutes les formes de magie. Il condamne sans appel l'*Ars notoria* dans le *De legibus* et le *De universo*, deux textes rédigés vers 1230. Maître en théologie à l'université de Paris en 1225, il est fait évêque de Paris en 1228. Dans son *De fide et legibus* et son *De universo* il décrit l'univers matériel et l'univers spirituel. Il reconnaît l'influence des astres sur la vie des hommes mais se montre très critique à l'égard de l'astrologie individuelle. Pour lui, les vertus célestes agissent dans la mesure où elles trouvent leurs racines dans la nature : les éléments, les humeurs et les corps des hommes et des animaux qui en sont composés. Les hommes sont sujets à l'influence des cieux, mais leur libre arbitre leur permet d'échapper au déterminisme. Malheureusement, la plupart du temps, ils ne réfléchissent pas et vivent « dans des dispositions mauvaises, presque à la manière des animaux », si bien que les prédictions sont possibles à titre de conjecture, mais non de certitude.

La magie naturelle correspond à une influence naturelle mais occulte des corps célestes ; il reconnaît, par exemple, la vertu du saphir pour soigner certaines maladies, mais nie le fait qu'un signe puisse attirer la bienveillance des esprits, comme le pentalpha de Salomon qui, pour lui, relève d'un pacte avec le démon. Il condamne donc toute forme de divination et toutes les formes de nigromancie de même que tous les esprits des païens.

Guillaume d'Auvergne et Albert le Grand seront les principaux défenseurs, au XIII^e^ siècle, de la notion de magie naturelle contre toute magie démoniaque. Dans son *De universo*, il énumère les propriétés occultes et merveilleuses des choses et cite, par exemple, le diamant, qui suspend la vertu attractive de l'aimant sur le fer, le jaspe, qui fait fuir les serpents, ou le camphre, qui réprime la luxure. Pour lui, la pivoine fait fuir les démons des possédés, soit parce qu'elle possède en elle-même cette vertu, soit en raison de la haine que les mauvais esprits conçoivent pour cette plante bienfaisante à l'homme. Les livres d'*experimenta* sont utiles pour comprendre « les causes et les raisons de certaines opérations magiques, surtout celles qui ressortent de l'art magique naturel ».

# LA FABRICATION DES TALISMANS

**« Si nous, hommes, nous connaissions bien notre esprit, rien ne nous serait impossible sur Terre. »**

**Paracelse**

L'activation d'un talisman est toujours effectuée par quelqu'un de bien précis, considéré comme le bon intermédiaire avec l'au-delà. Fabrication, consécration, bénédiction, quelle que soit la civilisation, il existe des rites précis que ne peuvent remplir que les marabouts, bonzes, prêtres, sorciers, lamas, chamanes ou jeteurs de sorts…

Nous savons désormais, grâce à la physique quantique, que des systèmes peuvent être *intriqués*, que des particules peuvent être reliées à distance sans aucun lien physique apparent entre elles. Ces particules peuvent former un système unique, malgré les distances qui les séparent. Un objet quantique peut s'avérer être dans deux états différents en même temps, comme passer par plusieurs chemins à la fois. Avec la physique quantique, de nouvelles lectures de l'Univers s'imposent à nous et remettent en question nombre de convictions qui ont figé la science pendant des siècles. Bien des savants du monde antique et, plus tard, du Moyen Âge ont eu l'intuition et se sont battus pour la reconnaissance d'une sorte de conscience universelle à laquelle nos pensées s'adresseraient, une âme de l'Univers dont la nôtre serait partie prenante.

Les marabouts, les saints, les chamanes étaient-ils – sont-ils – détenteurs du secret de ce lien ? Perçoivent-ils plus aisément que d'autres les *chemins* que prend l'échange avec un au-delà qui est peut-être un présent éternel ? Écho d'une phrase, compatibilité des principes actifs d'une plante, attentes, désirs d'un être face à l'autre côté du miroir. Difficile d'admettre aujourd'hui, sous nos latitudes, qu'un être puisse être détenteur d'un don, susceptible de percevoir les énergies émises par les corps ou objets, de saisir une interaction avec d'autres énergies qui peuvent venir les protéger, s'ériger en bouclier ou en rempart.

Dans toutes les civilisations, jusqu'à la nôtre, on a considéré que de tels êtres existaient, alors pourquoi refuser que des individus soient assez sensibles pour *ressentir* des énergies qui, en quelque sorte, *s'appellent* ? Pourquoi certaines personnes ne pourraient-elles pas saisir les perturbations de corps énergétiques qui causent des troubles de la santé, de l'environnement ou du comportement ? Pourquoi ne pourraient-elles pas connaître les moyens de les bloquer, des moyens acquis au fil d'une expérience transmise siècle après siècle ?

Certains individus peuvent percevoir et émettre des ondes, interroger pour nous l'Univers et nous permettre de recevoir en retour un signal, une réponse du monde omniscient. Ces personnes le traduisent dans un conseil, une phrase, en désignant la pierre, la plante qui soulagera, en élaborant un talisman qui deviendra émetteur et récepteur à la fois d'un ensemble d'énergies.

Pour certains savants, comme Pierre Teilhard de Chardin ou Vladimir Vernadsky, une couche d'ondes psychiques de faible épaisseur entoure la Terre et matérialise à la fois les consciences de l'humanité et sa capacité à penser. Une *nappe pensante* envelopperait la Terre, et l'imaginaire, les pensées, les idées, les découvertes tisseraient cette *noosphère* de plus en plus dense, génératrice d'une conscience de plus en plus solidaire. Et si certaines personnes avaient un accès immédiat à cette noosphère et le don de communiquer avec d'autres taux vibratoires, d'autres énergies, afin de les mettre au diapason des nôtres ?

Pourquoi les saints, les chamanes, les marabouts n'entreraient-ils pas en contact avec l'énergie vibratoire des éléments pour les mettre au diapason de ceux qui les sollicitent ?

N'est-ce pas aussi, sans la médiation d'un objet, ce qui fait la force d'une prière et celle de l'art ?

Les marabouts, les sorciers, les chamanes, les lamas, sensibles à ces vibrations du monde, ont de tout temps servi de passeurs, mis les êtres au diapason de l'Univers, de la déité et de sa présence immanente qu'est la nature. Ils étaient à la fois messagers d'espoir, récepteurs et passeurs d'énergie, du lien avec la nature comme avec les mots, gardiens d'un savoir ancestral et de la lecture permanente de ce lien au gré d'une plume, d'un vol d'oiseaux, de la feuille ou de la branche d'un arbre, d'une pensée attrapée à la volée.

Ces passeurs de Sibérie, d'Amazonie, d'Afrique ou de Mongolie sont conscients de ce lien indissociable entre l'Univers et nous, de la matière spirituelle dont nous sommes faits, et nous en donnent les clefs en confectionnant ces talismans, en nous conseillant des amulettes qui nous mettront en contact avec l'énergie de la Terre dont eux se sentent les gardiens. Ils savent la Terre sacrée et vivante, dotée d'une grande force qu'elle partage avec nous, mais en contact aussi avec l'énergie du cosmos.

Ces passeurs ont souvent utilisé les livres sacrés pour constituer des talismans, sans doute parce que les phrases, qu'ils ne choisissent pas par hasard, sont autant de ponts avec l'Autre monde. Ils savent que quelques mots peuvent suffire à nous rendre la totalité du monde. Le Verbe fait le lien. Ces mots, ces lettres renvoient à un essentiel, et les talismans qu'ils constituent sont autant de clefs qui à la fois nous protègent et nous lient à la grande énergie de l'Univers. Un objet, un symbole, quelques mots choisis par ces passeurs nous aident à entrer en communion avec le reste du monde, comme le fait une incantation, une prière ou une méditation. La vibration du monde, cette énergie si subtile, ne se voit pas : elle s'éprouve, de la même façon qu'on ne voit pas les ondes hertziennes qui nous entourent, et qui, pourtant, existent.

Ces passeurs, par la force d'une pierre ou d'un talisman chargé de la force transmise par l'Univers, permettent à celui qui reçoit ce talisman de reprendre – en même temps qu'il éprouve à son tour cette énergie – confiance en lui, en son devenir et en son présent. L'amulette et le talisman permettent de retrouver la confiance indispensable en soi, dans les autres et dans le monde. En brisant la peur, c'est le malheur du monde qu'ils brisent.

Ce que signifient les marabouts aux porteurs de talismans, c'est : « Désormais, vous êtes forts, vous détenez la force du monde lui-même ! » Ce que ces mages convoquent, ce sont des puissances que certains peuvent croire surnaturelles, mais qui ne mettent jamais en œuvre que des pratiques naturelles.

# MÉTHODE SIMPLE POUR MAGNÉTISER UN PENTACLE, UN TALISMAN OU TOUT AUTRE OBJET MAGIQUE

*Dans le cadre des religions, des prières et des encens, une bénédiction se fait selon les règles et rituels de la religion en question. On pourra, par exemple, pour magnétiser un talisman, le passer sur la fumée d'un encens et réciter un verset qui a les mêmes vertus que celles présumées dudit talisman. De la même manière, quand il s'agit d'un pentacle, on peut le faire passer sur la fumée d'un encens, le nettoyer longuement avec de l'eau ou bien une eau bénite.*

# PORTE-BONHEUR ET PROTECTEURS

# PORTE-BONHEUR DU MONDE ENTIER

## En Chine

Le Bouddha rieur est essentiellement présent dans les pays asiatiques. Il représente le bonheur et beaucoup de gens en ont une statue chez eux ou dans leurs entreprises. Pour que la chance du Bouddha rieur soit irradiante, il faut lui frotter le ventre quotidiennement et garder une attitude positive face aux épreuves de la vie.

Le *Jin Chan*, ou crapaud d'or, est un porte-bonheur très populaire en Chine en raison de son lien avec le feng shui[25]. C'est un symbole de chance et de succès. Les crapauds apparaissent lors de la pleine lune, apportant le bonheur et éloignant la plupart des mauvaises nouvelles. En Chine, les talismans (*fú*) sont également constitués de pièces de bois ou de métal ou, plus récemment, de papier teinté en jaune, rouge ou bleu, couvert de signes figuratifs ou de symboles abstraits écrits à l'encre noire ou rouge.

On estime que le jade, l'orchidée, les coqs en papier, brûler une chaussure ou fermer les volets la nuit sont des choses bénéfiques. En Chine, le nombre de porte-bonheur est impressionnant, signe d'une civilisation plus que millénaire.

Ces porte-bonheur peuvent être des idéogrammes (福, *fú* : la bonne fortune ; 禄, *lù* : la prospérité ; 寿 ou 壽, *shòu* : la longévité ; 财, *cái* : la richesse, l'argent ; ou simplement le signe *jï*, de bons augure), mais aussi des objets (des enveloppes, des pièces, des piments, le Bouddha rieur, des bambous gravés, des bracelets de la longévité et du bonheur) ; des animaux symboliques (canards mandarins, cochons en tirelire, dragons, lions, papillons, poissons, tigres) et, bien sûr, des dieux à invoquer (dieux du bonheur, dieu Sau de la longévité, les trois dieux protecteurs, etc.). Les poissons, par exemple, apporteraient prospérité et richesse, leur nom signifiant « abondance », ce qui explique que de nombreux Chinois possèdent un aquarium chez eux. Autre exemple : à Hong Kong, pour qu'un enfant soit placé sous une bonne étoile, on le promène dans un porte-bébé rouge orné de symboles bénéfiques.

L'une des coutumes les plus populaires consiste à rassembler trois anciennes pièces de monnaie chinoise rondes avec un trou carré au milieu sur un fil rouge : elles attireront la richesse, la chance et le succès. Ces pièces ont été émises la première fois dans la dynastie Qin (221-209 avant J.-C.). Le cercle rond symbolise le ciel et le trou au centre représente la terre. Le fil rouge activerait la réalisation du vœu. Pour stimuler les affaires et attirer la prospérité, on accroche un carillon muni de pièces de monnaie chinoise auprès de la porte d'entrée de la maison ou au-dessus de la caisse enregistreuse d'un commerce.

## Talismans taoïstes[26]

Le *tao* ou *dao* signifie « la route, la voie, le chemin ». Les écrits taoïstes et les manuels de rituels décrivent et listent de nombreux talismans. Dans les milieux taoïstes, on les considérait comme des écrits d'origine céleste, des édits du monde spirituel ou des ordres venant d'une divinité, aptes à faire trembler les fantômes et les démons et à les maintenir sous contrôle. Les talismans sont constamment présents dans le taoïsme, depuis l'émergence des premières communautés au IIe siècle.

D'après les croyances taoïstes, quatre créatures protègent le monde, liées chacune à un point cardinal. La

26. Le taoïsme et le confucianisme sont deux courants de pensées originaires de Chine et de certains pays d'Asie qui ont joué un rôle très important dans le développement des sciences chinoises. Ce sont des écoles de pensée de l'ordre de l'intuitif, non analytiques, elles ne procèdent pas par raisonnements successifs.

Tortue protège le Nord, les reins et la vessie, on l'associe à l'élément eau et à l'hiver ; c'est à partir de sa carapace que l'on interprétait les présages. Le Dragon bleu protège l'Est et correspond à l'élément bois, au printemps et au foie. L'Oiseau vermillon, le phœnix, protège le Sud ; on le lie à l'élément feu, au cœur et à l'intestin. Enfin, le Tigre blanc protège l'Ouest et est associé à l'élément métal, au poumon et au gros intestin.

## Chez les hindous

Ganesh, l'éléphant trompe en l'air, Sri Yantra, un diagramme composé de neuf triangles de tailles différentes, le bracelet des sept chakras, la statuette de Bouddha, des fragments de corail, Paritsa… les symboles et talismans sont nombreux dans la culture hindoue. Le svastika, par exemple, sinistrement détourné par l'idéologie nazie, reste un porte-bonheur en Inde lorsqu'il est tourné dans le sens inverse de celui du nazisme.

Parmi d'autres exemples de pratiques, rituels et objets porte-bonheur dans cette culture, on trouve également : porter un fil de couleur bleue ou rouge au poignet, la poudre de perle, la bouse de vache, voir un chacal, un soc de charrue, un cheval, l'émeraude, porter au poignet un fil de coton rouge, blanc ou noir, le chiffre huit, le rat, le riz ou encore le singe.

En Inde, l'utilisation de l'amulette remonte probablement à la préhistoire, mais les références écrites les plus anciennes se trouvent dans les *Vedas*[27] qui citent l'utilisation d'amulettes en utilisant le mot « *mani* ». Dans la littérature sanskrite postérieure, l'amulette est appelée « *havacha* » (armure) et « *rahsha* » (préservation, garde, soutien).

## Chez les Indonésiens

Au nord de Sumatra, une île d'Indonésie, face à la Malaisie, se trouve le lieu mythique et historique du peuple batak. Les amulettes y jouent un rôle essentiel. Elles sont fabriquées par un prêtre-magicien, le *guru*. La vie est gouvernée par le *tondi*, esprit de la vie présent dans chaque être, et le *begu*, esprit qui peut s'avérer dangereux, car il est très puissant et souvent associé à la mort. Les *dibata*, les dieux, sont trop éloignés pour prêter une attention particulière aux hommes, qui se tournent vers des dieux intermédiaires et les esprits. Grâce à ses connaissances, le *guru* fabrique des amulettes auxquelles il ajoute le *pupuk* (engrais), qui offre une protection puissante. Les *pangulubalang* sont les statues gardiennes

27. Les *Vedas* sont un ensemble de textes qui, selon la tradition, ont été révélés aux sages indiens. Cette « connaissance révélée » a été transmise oralement de brahmane à brahmane au sein de l'hindouisme jusqu'à nos jours. Les premiers textes de la tradition védique auraient été composés à partir du XV^e^ siècle av. J.-C. d'après les auteurs européens, mais des auteurs indiens proposent une datation plus ancienne.

placées aux abords du village pour éloigner les esprits malfaisants. La fabrication d'amulettes par le *guru* est essentielle pour le maintien de la vie. Les amulettes protègent mais peuvent aussi renforcer le *tondi*, qui aide à repousser les maladies, et éloigner les dangers du porteur. Les signes associés à des formules magiques sur les amulettes protègent des sortilèges lancés par un ennemi, voire les retournent contre lui.

## Chez les Coréens

Le recours aux charmes est un réflexe en Corée, avec des références aussi bien au taoïsme qu'au bouddhisme. Les charmes sur papier et les tampons en bois pour les imprimer sont particulièrement importants. La puissance de l'image est considérée comme identique à celle de la chose elle-même, la puissance d'une fraction d'une chose égale à celle de la chose entière, et chaque élément attire ou repousse son semblable, si bien qu'une pièce de monnaie augmente la richesse et l'image d'un démon écarte les démons. Une puissance particulière s'attache aussi à une forme ou à un événement extraordinaire ou à une synchronicité : une chose peut être conservée comme un talisman parce qu'elle est apparue dans un rêve ou dans une conversation.

## Au Tibet

Les Tibétains ont coutume de se prémunir contre les maladies et les maléfices grâce à des amulettes portées autour du cou. L'usage est de placer ces amulettes dans une sorte de petit coffret en forme de reliquaire. Ces amulettes ont une double fonction offensive et défensive. Il s'agit de se préserver des mauvaises influences, des maladies et des accidents, mais aussi d'exercer une influence sur les mauvais esprits et sur ses ennemis. Le bouddhisme himalayen est particulièrement teinté de magie. Ces amulettes sont faites de rouleaux de papier de plus de deux mètres et demi, cependant, à la différence des amulettes musulmanes, ce ne sont pas de simples extraits du *Kandjour*[28], mais toutes sortes de choses pour se donner le maximum de moyens de défense contre les puissances maléfiques : lettres, dessins, caractères géométriques, formules ésotériques, animaux correspondants à des cycles, mantras complexes. Le célèbre mantra de Tchenrézig[29] « *Om mani padme Hum !* » est d'autant plus magique qu'on n'en saisit pas le sens.

---

28. La grande compilation en cent volumes des livres sacrés du Tibet est appelée *Kâ-gyur* ou, vulgairement, *Kan-gyur* (*bkah-hgyur*), c'est-à-dire « traduction du commandement », parce que ces livres ont été traduits du sanskrit, ou de l'ancienne langue de l'Inde (*rgiya-gar-skad*), terme par lequel on peut entendre le prâkrit ou dialecte du pays de Magadha, principal siège de la foi bouddhique dans l'Inde, en ce temps-là.
29. Tchenrézig est le Bouddha de la compassion. Son mantra est donc le mantra de la compassion, un des mantras les plus récités au Tibet.

La protection s'étend à tous les moments de la vie et aux dix coins de l'Univers.

À ces amulettes s'ajoutent d'autres pratiques largement répandues : bracelets – de guérison, de positivité, de richesse, porte-chance ou porte-bonheur –, nœuds, tortues, écharpes de félicité, capteurs de rêves, mandalas ou encore moulins à prières.

Le moulin à prières, *mani chuskor* ou *mani korlo*, est constitué d'un cylindre rempli de mantras, d'une maxime, d'un hymne sacré, d'une formule mystique ou d'une incantation magique (une formule formée d'une seule syllabe ou d'une série de syllabes, répétée sans cesse avec un certain rythme). Le moulin à prières tourne librement autour de son axe ; l'actionner a la même valeur spirituelle que de réciter la prière du mantra qu'il contient. Cette dernière est censée se répandre dans les airs comme si elle était prononcée. Ces moulins sont disposés en longues séries et sont mis en mouvement l'un après l'autre par le fidèle qui passe devant eux en les faisant tourner de la main droite. Le moulin doit tourner dans le sens des aiguilles d'une montre pour que le mantra soit lu dans le sens où il a été écrit.

Il est aussi fréquent de trouver des Avalokiteshvara. Il s'agit d'un porte-bonheur à suspendre, qui représente une image du bouddha du même nom, protecteur bienveillant de notre monde, entourée d'un livret de mantras recouvert de feuilles d'or.

## Chez les Thaïlandais

En Thaïlande, on ne peut pas vivre sans porter une amulette ou un talisman sur soi. Elles sont partout. Les amulettes thaïes sont des objets magiques puissants consacrés, chargés par un maître initié, parfois pendant des mois, et non de simples porte-bonheur industriels que l'on peut trouver sur Internet. La recherche des matériaux, poudres magiques, plantes rares et la conception des moules, la gravure et la peinture pour fabriquer l'amulette ou le talisman prennent parfois des mois.

Une amulette provenant d'un temple est consacrée et chargée en cinq étapes : de nombreux moines, parfois des centaines, se concentrent et chantent des mantras puissants en pali[30] afin de bénir les amulettes placées au centre de la salle. Ils portent une corde de soie blanche qui vient toucher les boîtes contenant les amulettes afin que ces dernières soient chargées et bénies. Ce n'est qu'alors que la puissance surnaturelle est générée et pénètre les amulettes comme une onde. Les mantras chantés sont très puissants et ont une signification bien

30. Autrefois parlée en Inde, cette langue ancienne est aujourd'hui utilisée dans la liturgie du bouddhisme theravada.

précise ; c'est la puissance surnaturelle qu'ils produisent qui va créer l'intention magique. Cette bénédiction peut durer deux heures ou des journées entières.

Chez les Thaïlandais, l'amulette papillon attire l'être aimé ; l'amulette de Brahma, dieu créateur hindou, favorise la paix, les bonnes relations en famille et accroît la richesse ; Ganesh, le dieu hindou à la tête d'éléphant, permet de lever les obstacles et apporte chance et harmonie dans la vie ; Guan Yin, ou Kuan Yin, la déesse de la compassion, aide à la guérison ; Nang Kwak, déesse de la richesse, attire la fortune ; Phra Pidta est un moine qui se couvre les yeux pour se protéger des esprits malveillants et des mauvaises influences ; Trimurti facilite les relations amoureuses, le bonheur et la réalisation des vœux ; Bouddha Phra Somdej attire la prospérité dans les affaires ; Bouddha Chinnarat Jinarat est une amulette de protection contre tout danger de la vie ; Rahu est le démon de l'éclipse de la Lune dans l'hindouisme et évoque la bienfaisance.

## Au Vietnam

Dans le Nord du Vietnam, dans beaucoup de villages, de grosses pierres brutes sont placées sur un soubassement en terre assez élevé : ce sont les pierres de conjuration. Elles sont appelées pierres pour le sacrifice aux esprits des chemins ou pierres-talismans. Le sorcier y accomplit une partie de la cérémonie destinée à chasser les mauvais esprits hors du village. À un moment ou l'autre de l'année, deux pierres ou deux briques sont disposées devant la porte des maisons, une de chaque côté de la porte d'entrée du jardin ou de la cour. On en voit aussi devant la porte extérieure de nombreuses pagodes, maisons communes ou temples familiaux. Ces pierres ou briques sont barbouillées de chaux et portent des caractères magiques. Au-dessus d'elles est placée une fiche en bambou, également barbouillée de chaux et portant une inscription. Ce sont des talismans-obstacles. Le sorcier donne à l'inscription sa force. La vertu des talismans-obstacles ne leur est pas propre, elle leur est communiquée par les opérations du sorcier, qui leur confèrent le pouvoir de faire obstacle et de s'opposer au retour des démons qui tracassent les gens d'une maison.

## Chez les Japonais

Le cerisier est le comble du porte-bonheur pour les Japonais, mais beaucoup d'autres éléments sont réputés porter chance et accorder le bonheur à ceux qui les invoquent. Notamment, et de façon non exhaustive : le chiffre huit, l'Omamori[31], les pièces trouées, la poupée

---

31. Un petit sac brodé à partir de tissu de soie, dans lequel sont placées des prières écrites sur papier ou sur des morceaux de bois. L'Omamori ne sera efficace que s'il demeure fermé : s'il est ouvert, c'est l'inverse du message inscrit qui s'appliquera.

Daruma[32], le prunier, le blaireau, le chat, le chien, le coq, la grenouille, le renard, le singe, les oiseaux de papier, le haricot, le riz, le jade, la couleur rouge, enfoncer des épingles dans un saule ou encore manger de la cervelle de tortue.

Une légende japonaise du XVII$^{e}$ siècle raconte comment un chat, le maneki-neko, aurait sauvé un riche commerçant pris dans une tempête. Maneki dérive du verbe *maneku*, qui signifie « inviter à passer », et *neko* signifie « chat ». Cette célèbre petite statuette, selon la patte levée, est supposée avoir des effets différents. Si la patte droite est levée, on cherche à attirer la prospérité et l'argent ; si c'est la patte gauche, on souhaite plutôt davantage de visite. Enfin, les deux pattes levées servent à protéger le foyer ou le commerce.

## Chez les Turco-mongols

L'une des amulettes les plus utilisées en Asie centrale est appelée *Nazar boncuk* ; *nazar* pour « mauvais œil » et *boncugu* pour « amulette » : faite en verre, elle protège contre le mauvais œil. Bien que les Turco-mongols croient à la force d'autres amulettes, comme les fers à cheval, l'ail,

32. Daruma est le nom japonais de Bodhidharma, fondateur légendaire de l'école Chan, courant contemplatif du mahayana ou Grand Véhicule, devenue au Japon l'école zen. Le Daruma est une figurine de papier mâché japonaise qui a la forme d'un moine bouddhiste. Un Daruma est surtout, dans la culture japonaise, une amulette de chance et prospérité.

les dents de loup, les épines séchées, le plomb ou certaines pierres, cet œil bleu de cristal est toujours le plus prisé. C'est en Turquie que ce talisman est le plus répandu, mais il s'est popularisé en Azerbaïdjan, en Iran, en Arménie, en Grèce et en Israël.

# Dans les Amériques

## En Amérique du Sud

L'Ekeko est une amulette de l'altiplano andin que l'on trouve en Bolivie, au Pérou, au Nord du Chili et de l'Argentine, ainsi qu'à l'Est du Venezuela, où elle est connue sous le nom de Don Juan del Dinero, Don Juan de l'Argent. On associe l'Ekeko à la fertilité, à la chance, à l'abondance et à la joie. Chargée de paniers remplis d'aliments et d'autres biens, il lui manque une sandale et on lui fait des offrandes en lui glissant une cigarette allumée dans la bouche ou en laissant de l'argent près d'elle. Selon les historiens, ce Don Juan de l'Argent serait originaire de la culture Tiahuanaco de Bolivie et, après la conquête espagnole, aurait été adoptée par les Aymaras et les Incas.

Le *Torito de Pucara* peut se voir sur les toits ou dans les entrées des maisons de beaucoup de villages du Sud des Andes péruviennes. Au début, ce petit taureau était utilisé pour marquer un territoire où le bétail allait procréer. Avec le temps, il a acquis de nouvelles significations et on l'associe désormais à la protection, au bonheur et à la fertilité dans la vie matrimoniale. Ces pièces de céramique sont très populaires dans la province de Puno.

Au Pérou, les yeux de seiche possèdent des vertus particulières, qui en font des amulettes et porte-bonheurs très prisés.

## Au Mexique et en Amérique centrale

Les *milagros* (miracles) sont de petits porte-bonheurs religieux décorés d'anges, de croix, d'animaux et bien d'autres sujets. Ils sont accrochés à un mur ou portés dans la poche. Les *milagros* sont souvent utilisés lors d'une cérémonie appelée *manda* : plusieurs personnes se rendent près de la sépulture d'un saint afin de lui demander diverses faveurs, et lui laissent un *milagro* en offrande.

En Amérique centrale, d'autres pratiques sont courantes : on dit qu'il est indispensable de mettre des morceaux de pipe dans ses bagages avant de partir en voyage, que le roseau, l'agave et le cactus sont dignes de toutes les vertus, et, en Jamaïque, qu'essuyer sa transpiration avec la main éloigne la chance.

## Chez les Natifs américains du Nord

Les peuples d'Amérique du Nord attribuent différentes vertus à de nombreux éléments, qui transmettent leurs propriétés qu'ils soient représentés sur une amulette ou bien directement récupérés dans la nature et conservés comme des trophées ou des talismans. Parmi ces éléments porte-bonheur, on retrouve : la grenouille, l'ours, le cerf, l'aigle, la tortue, la pierre de lumière, le bois, la tête du pivert, les plumes d'oiseaux, tous les trophées de chasse, certains champignons vénéneux, le bouillon, la couleur blanche ou encore l'émeraude.

L'un des objets les plus célèbres de ces cultures spirituelles est l'attrape-rêves. Il est originaire du peuple natif Ojibwa ou Chippewa, au Nord des États-Unis, puis sa popularité s'est étendue à d'autres peuples de la région, qui en ont réalisé leur version. L'attrape-rêves a pour fonction de filtrer les rêves. Placé près d'un lit ou à sa tête, il protège le dormeur, surtout les enfants, des mauvais rêves et des terreurs nocturnes.

## Aux États-Unis et au Canada

Parmi les mythes et talismans les plus communs en Amérique du Nord, on trouve : la Bible, un ruban blanc, le chat à trois couleurs, le chat noir, la châtaigne, les coussins de paille, appliquer des dés sur la poitrine, le raton laveur, un scarabée qui entre par la fenêtre, une patte de taupe, porter un timbre dans le ruban de son chapeau…

Le fer à cheval est le porte-bonheur le plus répandu aux États-Unis. Suspendre un fer à cheval au-dessus de sa porte apporte protection et bonheur à la maison. Certains pensent que les extrémités du fer à cheval doivent pointer vers le ciel, arguant que cette position permet de recueillir la chance. D'autres ne sont pas d'accord, suggérant que les extrémités devraient être tournées vers le bas afin que la chance se déverse sur ceux qui passent sous la porte.

# Des îles

## Quelques protecteurs des Malgaches

Un *moara*, *sampy* ou *ody* est chargé de protéger le bonheur. Il est fabriqué à partir de matériaux naturels par des sorciers guérisseurs, les *Ombiasy*. L'*ody* est octroyé par une personne ayant un don exceptionnel ou une personne héritant de ce pouvoir. Il sert ensuite de protection et augmente la chance de celui qui le porte. Il est choisi selon le *vitana*, la personnalité, de chacun.

De nombreux Malgaches confient leur souhait, leur sécurité et surtout leur avenir à leur amulette. Le *sampy* est pour eux une sorte d'esprit qui travaille avec Dieu en faveur des croyants. Les plus répandus sont les *sampy* des rois.

### Chez les Philippins

Les natifs des Philippines portent des graines de la fève de San Ignace, généralement connues pour prévenir et guérir tous types de maladies.

### En Polynésie

Le *tiki* de la protection éloigne les mauvaises énergies et protège celui ou celle qui le porte. Il signifie aussi bien « homme », « dieu », ou « homme-dieu ». Il s'agit d'une forme humaine sculptée de façon stylisée que l'on trouve en Océanie sous l'apparence d'une statue ou d'un pendentif, souvent en jade ou en os.

## Europe

En Europe, de manière générale, les chats tigrés et gris sont bénéfiques pour une maison. Si l'un d'eux vient vers vous ou s'installe dans votre maison, il constitue la promesse d'une prochaine rentrée d'argent.

### Quelques protecteurs en Europe centrale

La carpe est un met traditionnel servi durant la veillée de Noël ou du Nouvel An dans beaucoup de pays d'Europe centrale. En Pologne ou en Allemagne, on coupe quelques écailles une fois le poisson consommé, et les convives gardent une écaille dans leur portefeuille ou dans leur poche comme porte-bonheur. Les écailles de carpe, si elles sont mangées pour le dîner de Noël, sont considérées comme un porte-bonheur qui peut durer l'année entière. Cette coutume est répandue en Slovaquie et en République tchèque.

## En Irlande

Les chances de trouver un trèfle à quatre feuilles sont statistiquement de 1 sur 10 000, raison pour laquelle en trouver un est associé à la chance. Les quatre feuilles représentent la foi, l'espoir, la chance et l'amour. Quiconque trouve un tel porte-bonheur voit ce jour-là ces quatre pans de sa vie s'améliorer. L'utilisation du trèfle comme symbole national irlandais remonte au Moyen Âge, quand saint Patrick utilisa un trèfle pour faire comprendre au peuple irlandais la Sainte Trinité. Le chiffre quatre est également considéré comme se rapportant aux quatre côtés de la croix. Certains pensent, pour leur part, que ce porte-bonheur vient du jardin d'Éden.

## Au Royaume-Uni

Le fer est une découverte des Celtes. Chez ce peuple, l'art de la ferrure était pratiqué par les ovates ou druides, car le travail du fer par le feu était considéré comme une opération magique. Le fer à cheval est l'un des symboles de chance les plus connus, symbole de protection qui existait déjà chez les Égyptiens. Il est aussi connu dans l'art islamique et utilisé pour éloigner le mauvais œil et se protéger contre toute forme de mal. Une de ses légendes s'attache à saint Dunstan : le Diable serait entré dans l'atelier de Dunstan pour lui demander de ferrer son cheval. Dunstan aurait fait semblant de ne pas le reconnaître et ferré, non le sabot du cheval, mais le pied du démon. Dunstan n'aurait accepté de retirer le fer qu'à la condition que le démon n'entre jamais plus dans un foyer ayant un fer à cheval cloué sur la porte.

Au Royaume-Uni, trouver une pièce sur le sol porte-chance pour la journée... si elle est découverte côté face ! La pièce doit être gardée précieusement dans le porte-monnaie, puis jetée dans une fontaine en formulant un vœu.

Les glands sont également considérés comme des porte-bonheur, car ils sont associés à la magie, et plus particulièrement aux sorcières. Lorsqu'ils se croisaient dans les bois, les magiciens et guérisseurs s'échangeaient des glands comme signe de reconnaissance. Les glands aident aussi à avoir une bonne santé. En porter un protège des maladies, des courbatures et, si l'on est malade, cela accélère la guérison et soulage la douleur.

Un chat noir qui pénètre dans une maison y apporte prospérité et argent.

La présence chez soi d'une petite cloche suspendue au mur refoule les mauvais esprits et permet la guérison des malades.

Trouver un clou dans la rue porte bonheur : il faut le ramasser et le conserver précieusement, en le portant dans sa poche droite ou en le plantant dans la porte de la cuisine, de préférence dans le chambranle, du côté où se trouve la serrure et à hauteur des yeux.

## En France

Longtemps, en France, on conjurait le sort et on attirait la prospérité sur une maison en égorgeant un coq et en arrosant de son sang la pièce principale d'une nouvelle habitation ou d'une étable. Certains voient dans la présence des coqs en haut des clochers une survivance de ces sacrifices effectués lors de la construction d'une maison.

## En Italie

En Italie, les cornes de buffle suspendues au-dessus de la porte d'entrée portent chance. Le *cornicello*, utilisé depuis l'Antiquité comme porte-bonheur conjurant le mal, est un symbole de chance, de bonne santé et de mariage heureux. Ce porte-bonheur en forme de cornes ressemble à un petit piment.

## En Allemagne

« *Glücksschwein* » est une expression allemande qui se traduit par « cochon chanceux ». Les cochons sont associés à la fertilité et à la chance. Il existe aussi des bonbons en forme de cochon dans tout le Nord de l'Europe. Le cochon-tirelire protège aussi nos économies.

## En Ukraine

Un *pysanka* est un œuf de Pâques décoré de motifs complexes réalisés à l'aide de cire. Ces œufs représentent la santé, la fertilité, l'amour et la richesse.

## Chez les peuples du Grand Nord

Le *tursaansydän* ou *tursan sydän*, qui signifie « cœur de poulpe », appelé aussi *mursunsydän*, « cœur du morse », est un symbole utilisé en Europe du Nord qui provient des temps préhistoriques. Il protège des malédictions.

## En Europe de l'Ouest

**« Comme chez les Mayas, le 13 est également un nombre sacré et de bon augure dans la tradition hébraïque. La Cabale le considère comme un nombre de chance, puisque sa valeur numérique, en hébreu, produit le mot *Ahad*, "Un", la plus importante qualité de Dieu. [...] Un oracle dans le Talmud affirme "qu'il sera un temps où le territoire d'Israël sera divisé en treize parties, la treizième d'entre elles revenant au roi Messie". »**

---

**Annemarie Schimmel, *The Mystery of Numbers*, 1993.**

La peur du nombre 13, ou triskaïdékaphobie, existe, et celle du vendredi 13 davantage encore. Le nombre 13 tient une place particulière dans la symbolique des nombres et, dans une grande partie du monde occidental, il est associé tantôt à la chance, tantôt à la malchance.

De l'autre côté des Alpes, en Italie, par exemple, c'est le nombre 17 qui est de mauvais augure car en chiffres romains, 17 s'écrit XVII, anagramme du mot latin *VIXI*, c'est-à-dire « j'ai vécu » et, par extension, « je suis mort ». En France, au contraire, les mythes nous le font plutôt associer au malheur : Jean de Molay serait – c'est une légende – mort le vendredi 13 de l'année 1313, et le dernier repas du Christ avait réuni treize convives.

En Europe occidentale, on dit également que toucher du bois porte bonheur et conjure le mauvais sort. Il faut, lorsque l'on parle d'un événement heureux à venir, toucher un morceau de bois non verni. À défaut, on peut juste dire « je touche du bois » ou, comme les Anglais, toucher sa propre tête. Un morceau de bois rond porte chance aux joueurs. Le bois béni durant les Rameaux apporte le bonheur dans la maison.

## Se protéger du mauvais œil en Europe du Sud et au Maghreb

**« La superstition est l'art de se mettre en règle avec les coïncidences. »**

**Jean Cocteau**

Cette vibration, cette énergie du monde que vivent et dont témoignent des prêtres, lamas, moines bouddhistes, chamanes, nous sommes tous capables de la percevoir, avec ou sans amulettes, et certains individus, souvent malgré eux, peuvent la capter, voire émettre une énergie positive ou négative. C'est ce dont témoignent presque toutes les traditions populaires persuadées que certaines personnes peuvent vous « jeter le mauvais œil ».

La *baskania* ou le mauvais œil est la superstition la plus répandue dans le monde grec. Pour s'en protéger, on peut utiliser formules, gestes et instruments, clous de girofle, verres d'eau, cendres, cire, huile, salive, insufflations, signes de croix. Une louange excessive, une admiration marquée, la sympathie avouée à la vue d'un homme beau, loyal, courageux ou heureux dans ses entreprises, jette le mauvais œil au même titre qu'un regard d'envie ou de jalousie. Si quelqu'un dit : « Quel bel enfant tu as là ! » à une jeune mère, la mère, intérieurement, répondra « de l'ail dans tes yeux ! » ou présentera son enfant à l'amie en disant : « Crache dessus. » À Athènes, si quelqu'un dit à une jeune accouchée qu'elle a bonne mine, elle crachera trois fois sur elle-même ; si on lui dit, au contraire : « Tu as mauvaise mine ! », elle sera rassurée pour elle et son enfant.

Un geste, une amulette touchée, une parole, plaisanterie ou obscénité sont des moyens efficaces de déjouer le mauvais œil. Il ne faut jamais souhaiter bon voyage à un voyageur, par exemple, et, à Athènes et Naxos, un ouvrier qui, le matin, va à son travail, retourne quelques secondes plus tard chez lui si la première personne qu'il a rencontrée est un prêtre.

Une pièce d'argent, une monnaie d'or parmi les sequins qui ornent le front des paysannes, une cravate rouge à un enfant, une breloque de montre, une dent de porc ou de lion, ou encore une griffe de fauve constituent autant d'amulettes protectrices. Le meilleur protecteur reste l'ail : une gousse d'ail dans la poche d'un costume neuf ou de l'ail tenu dans la main peuvent suffire. On en suspend même au mât des caïques, au cou des animaux et on en met sous les vêtements des enfants. Chez les Grecs comme chez les Romains, l'ail représente une panacée contre la fascination. En Italie et particulièrement à Naples, on appelle *jettatores* les jeteurs de sort, capables d'attirer le mauvais œil sur une personne.

Au Pays basque, comme en beaucoup d'endroits de France et d'ailleurs, la croyance populaire veut que des individus soient capables d'émettre par leur seul regard une énergie mystérieuse, *adur* en basque, pouvant porter préjudice à des personnes, des animaux et des choses se trouvant dans leur champ de vision. Ce pouvoir de lancer le *betadur*, la force magique, peut être exercé par des personnes sans qu'elles le veuillent ; parfois elles ne savent même pas qu'elles possèdent ce pouvoir. Le *kutun* est un moyen de se préserver de ce mauvais œil : il s'agit d'un petit sac carré en toile qui contient une petite feuille de papier sur lequel sont écrites des phrases des Évangiles. On le porte suspendu à une cordelette.

Médailles, mosaïques, phylactères… l'amulette était portée suspendue au cou pour être préservé de ce mauvais œil. Certaines amulettes et talismans, notamment l'œil d'Isis ou *Nazar boncuk*, bloquent immédiatement la force du mauvais œil.

Des amulettes contre l'*invidia*, l'envie qui engendre le mauvais œil, ont été retrouvées en quantité en Tunisie et en Algérie, avec une chouette sur la face et une inscription au revers. Ces amulettes visent à préserver ceux qui les portent des tentatives de la chouette, symbole du diable, une des incarnations favorites de l'œil malfaisant des envieux. L'oiseau est accompagné de formules visant à paralyser son action maléfique : il s'agit de combattre *l'oculus invidiosus*. La plus constante de ces inscriptions est la suivante : *Invidia invidiosa ! Nihil tibi ad anima pura et munda* (envieuse envie ! Ne tente rien contre l'âme pure et sans tache).

# BIEN CHOISIR SON PORTE-BONHEUR

## À chaque signe astrologique ses porte-bonheur

### Balance (23 septembre – 22 octobre)

Astre : Vénus.

Note : *si* (ou *la*).

Élément : air.

Couleurs : bleu pastel, rose, vert.

Pierres et minéraux : jade, émeraude, saphir, aigue-marine, agate, perle, béryl, lapis-lazuli, corail, cuivre.

Plantes : safran, verveine, muguet, lilas, myrte.

Animal : corbeau.

Protecteurs : bleu, myrte, rose.

### Bélier (21 mars – 20 avril)

Astre : Mars.

Note : *sol*.

Élément : feu.

Couleur : rouge.

Pierres et minéraux : rubis, corail, fer, améthyste, topaze, aimant, grenat, cornaline.

Plantes : aloès, œillet.

Animal : faucon.

Protecteur : acier, calcédoine, houx, rouge.

## Cancer (21 juin – 22 juillet)

Astre : Lune.

Note : *mi*.

Élément : eau.

Couleurs : argent, blanc et gris bleu.

Pierres et minéraux : argent, perle, nacre, quartz clair, opale, cristal, pierre de lune, émeraude, aigue-marine, perle, diamant.

Plantes : myrrhe, muguet, iris, lys blanc, primevère.

Animal : pivert.

Protecteurs : blanc, noyer.

## Capricorne (21 décembre – 20 janvier)

Astre : Saturne.

Note : *mi*.

Élément : terre.

Couleurs : noir, brun.

Pierres et minéraux : tourmaline noire, plomb, onyx, jais, perle noire, cornaline, corail noir.
Plantes : benjoin, encens.
Animal : oie.
Protecteurs : ambre, marron, pin.

## Gémeaux (21 mai – 21 juin)

Astre : Mercure.
Note : *do* (ou *ré*, *mi*).
Élément : terre.
Couleurs : bleu clair, azur et bleu tendre.
Pierres et minéraux : vif-argent, agate, béryl, sardoine, jaspe, corail, marcassite, œil-de-chat.
Plantes : cannelle, verveine, muguet, lavande.
Animal : cerf.
Protecteurs : pierre de lune (sélénite), jaune, couleurs changeantes, olivier.

## Lion (23 juillet – 23 août)

Astre : Soleil.
Note : *la* (ou *fa*).
Élément : feu.
Couleurs : or, doré, jaune or et orangé.
Pierres et minéraux : or, diamant, cristal, chrysolithe, ambre, topaze, onyx.
Plantes : orchidée, héliotrope, lavande, rose.

Animal : lion.

Protecteurs : chêne, chrysolithe, jaune vif.

## Poissons (19 février – 20 mars)

Astre : Neptune.

Note : *sol* (ou *fa*, *si*).

Élément : eau.

Couleur : bleu outremer.

Pierres et minéraux : améthyste, tourmaline rose, opale, perle, pierre de lune, argent, platine.

Plante : jasmin.

Animal : loup.

Protecteurs : bleu, vert-bleu, bleu marine.

## Sagittaire (22 novembre – 21 décembre)

Astre : Jupiter.

Note : *fa* (ou *sol*, *si*).

Élément : air.

Couleurs : violet, bleu.

Pierres et minéraux : jade, améthyste, turquoise, béryl, saphir foncé, émeraude, étain.

Plantes : muscade, musc, giroflée.

Animal : éléphant.

Protecteurs : bouleau, violet.

## Scorpion (23 octobre – 22 novembre)

Astre : Pluton.

Note : *la* (ou *sol*).

Élément : eau.

Couleur : noir.

Pierres et minéraux : onyx, jais, rubis, acier.

Plantes : cyprès, champignon, cactus, ortie.

Animal : serpent.

Protecteurs : ambre, houx, rouge, vert franc, violet.

## Taureau (20 avril – 20 mai)

Astre : Vénus.

Note : *la* (ou *si*).

Élément : terre.

Couleurs : vert, brun.

Pierres et minéraux : émeraude, chrysobéryl, saphir.

Plantes : arbre de jade.

Animal : castor.

Protecteurs : cuivre, vert, myrte.

## Verseau (20 janvier – 18 février)

Astre : Uranus.

Note : *do* (ou *mi*).

Éléments : air et eau.

Couleurs : indigo, blanc, mauve, violet, vert, teintes irisées.

Pierres et minéraux : opale, plomb, saphir.
Plante : bégonia.
Animal : loutre.
Protecteur : grenat.

### Vierge (23 août – 22 septembre)

Astre : Mercure.
Note : *ré* (ou *do*).
Élément : eau.
Couleurs : gris, azur, bleu tendre.
Pierres et minéraux : ambre, agate, cristal de roche, béryl, jaspe, sardoine.
Plantes : azalée, cannelle, verveine, muguet, lavande.
Animal : ours.
Protecteurs : brun, œil-de-chat, olivier.

## À chacun son métal pour favoriser la chance

### Acier et fer

L'acier refoule les mauvais esprits. Toucher du fer et en porter sur soi protège des mauvaises influences et du malheur, et conjure le mauvais sort. Quand un objet en acier rouille, c'est le signe que de l'argent va arriver dans la maison. Le fer est symbole de robustesse. On interdit l'entrée des démons dans la maison en glissant un morceau de fer sous le paillasson. C'est un métal qui porte bonheur aux femmes enceintes et à tous les natifs du Bélier. Une guimbarde protège contre les elfes parce que la languette de l'instrument est en acier ; elle est aussi très utile pour éloigner les djinns.

## Aimant

Avoir un aimant sur soi est un formidable porte-bonheur sentimental. Après tout, ne dit-on pas : « Je t'aime dur comme fer » ? En Égypte, les pierres d'aimant faisaient partie, au même titre que les pierres précieuses, de la panoplie du magicien, et l'on s'en servait contre les mauvaises influences et pour chasser les mauvais esprits.

## Airain ou bronze

L'airain permet de repousser les démons et les mauvais esprits. En Normandie, on dit aussi que, pour qu'une vache soit une bonne laitière, lorsqu'on la trait pour la première fois, il faut recueillir le lait dans un vase d'airain.

## Argent

On raconte que seul ce métal ne peut être ensorcelé, et qu'un cercle d'argent fait d'une seule pièce et non fermé chasse démons et sorciers. L'argent est symbole de pureté. Aux États-Unis, porter un morceau d'argent autour du cou ou de la cheville préserve de la sorcellerie. Dans la mythologie égyptienne, les os des dieux sont faits d'argent. Pour abattre un loup-garou, prenez une balle en argent et... visez juste.

### Cuivre

Si vous voulez être aimé d'une personne, faites-lui porter un anneau de cuivre poli qui a séjourné dans un nid d'hirondelle durant neuf jours (facile, n'est-ce pas ?). C'est le métal des natifs du Taureau et des amoureux.

### Or

L'or attire les bonnes influences cosmiques.

## Quelques animaux qui nous protègent

### L'abeille

Les abeilles sont sacrées en Occitanie. La croyance populaire considère que les vendre porte malheur et qu'il ne faut jamais dire de mal devant elles.

### L'aigle

Alexandre le Grand en vit un dans le ciel avant sa bataille contre le roi Darius et obtint la victoire. Les Amérindiens pratiquent la danse de l'Aigle pour apporter la félicité sur leur maison. On dit également que la plume de l'oiseau royal capte les forces mauvaises.

## L'alcyon

L'alcyon est un oiseau de mer qui fait son nid à la surface des eaux. En Angleterre, la croyance veut que ses plumes confèrent aux femmes qui les portent une beauté sans nom.

## L'alouette

Selon Aristophane, l'alouette fut le premier de tous les animaux à exister sur Terre. Sacrée chez les Gaulois, elle sert de médiatrice entre les humains et Dieu. Son chant est un présage de richesse. Des pieds d'alouette, ou simplement leur représentation, empêchaient d'être persécuté et assuraient la victoire sur ses ennemis.

## L'araignée

La toile de l'insecte porte-bonheur est le signe d'un foyer sain : les araignées n'aiment que les bonnes maisons.

## Le chat noir

Dans beaucoup de régions françaises, contrairement à sa réputation usuelle, le chat noir porte chance à la maison et à ses habitants. Il en est ainsi dans le Bassin parisien, en Gironde, en Loire-Atlantique et dans le Midi. Aux Pays-Bas, si vous réclamez un chaton et qu'on vous en donne un noir, c'est le bonheur qui entre dans votre maison. En Grande-Bretagne également, le chat noir porte chance et, à sa vue, il faut faire un vœu.

## La coccinelle

La « bête à Bon Dieu » est un heureux présage. La coccinelle était jadis dédiée à la déesse germanique de l'amour et de la beauté, Freia. Elle est aussi considérée comme très bénéfique au Tibet. Si on trouve une coccinelle, il faut l'aider à s'envoler, car en montant au ciel, elle devient un ange. Une amulette de coccinelle autour du cou protège les enfants.

## Le cochon

Chez les Celtes, Merlin l'enchanteur était toujours accompagné d'un cochon. Le cochon a eu son heure de gloire dans le monde gréco-latin, où il était un animal sacré. La truie était dédiée à Déméter, déesse de la Terre et de l'abondance. Le sang de cochon était purificateur. En Égypte, la déesse Nout, symbole de la fécondité, est aussi représentée en truie. Chez les Chinois, c'est un signe bienheureux et le mot *zhu* éloigne les esprits malfaisants. En Europe, il est lié à la bonne fortune et à l'abondance, d'où la tirelire. En Allemagne, le mot cochon est parfois employé pour « chance ». Le petit cochon est ainsi devenu porte-bonheur, suspendu à une bague, porté en épingle ou encore en fève dans la galette. La canine de porc avait la réputation de protéger.

On se servait des différentes parties de cet animal un peu partout pour soigner ou conjurer le sort, c'est un instrument de divination et de présages.

## Le colibri

Une plume de cet oiseau conservée sur soi dans de la cellophane est une amulette remarquable.

## Le coq

Comme on l'a déjà mentionné, longtemps, en France, on a conjuré le sort et on attirait la prospérité sur une maison en égorgeant un coq et en arrosant de son sang la pièce principale d'une nouvelle habitation ou d'une étable. De nos jours, les coqs surmontent les églises sous forme de girouette.

## Le dauphin

Les dauphins sont associés à Delphes et au dieu Apollon. Ils ont sauvé le poète Arion d'une mort certaine. Les Crétois les adoraient comme des dieux. Leur rencontre est considérée comme de bon augure. Il ne faut ni malmener ni tuer un dauphin, ils avertissent les marins des dangers et les sauvent. Selon les marins, en particulier romains et grecs, ils attirent la chance.

## L'éléphant

C'est le roi des porte-bonheur, le plus grand, le plus puissant. Les dents, les os ou l'ivoire, portés en bijoux, ont longtemps été des talismans privilégiés dans toute l'Afrique, ce qui a valu au pachyderme d'être massacré des siècles durant. Fort heureusement, aujourd'hui, l'animal est protégé. Une simple représentation, statuette ou dessin sur une amulette, suffit pour accorder ses pouvoirs protecteurs à son porteur. On dit qu'il favorise aussi les bonnes décisions. Les éléments les plus importants à représenter sont sa trompe – qui doit toujours pointer vers le haut – et ses défenses. Il est aussi courant de porter ses poils en bracelet ou en bague, pour attirer la prospérité. L'éléphant est considéré comme le support du monde, on disait même qu'il pouvait provoquer des tremblements de terre lorsqu'il se déplaçait. Le dieu Brahma a fait naître les éléphants juste après le Soleil et ces derniers ont libéré les humains des Titans. Le matin, l'éléphant salue le Soleil avec sa trompe et, le soir, il rend hommage à la nouvelle Lune. Il a raison des serpents. Monter sur son dos porte bonheur.

## Le hibou

Une petite amulette à l'image de l'oiseau de nuit est un signe de sagesse.

## L'hippocampe

Le cheval de mer est en voie de disparition, peut-être en partie parce qu'il était considéré comme un excellent porte-bonheur ; de nombreux pendentifs le représentent. On dit aussi qu'il éloignerait les migraines.

## L'hirondelle

Selon Charles Nodier, l'hirondelle est « la messagère de la vie » et ne s'installe que dans un foyer heureux. Offrir un anneau en cuivre qui sera resté neuf jours dans le nid d'une hirondelle permet de s'assurer l'amour de l'autre.

## La hyène

La peau de la hyène rend invulnérable et protège celui qui la revêt.

## Le lézard

On peut placer sa queue dans une chaussure pour avoir de la chance au jeu et être heureux.

## Le loup

Porter sur soi une dent de loup écarte les peurs. Tirer un loup par la queue porte bonheur, mais il est déconseillé d'essayer.

### La luciole

Ce bel insecte amène de la joie.

### La tortue

Dotée d'une grande longévité, la tortue symbolise l'immortalité. Elle est associée à la prospérité et à l'abondance. On offre des tortues aux jeunes mariés pour apporter bonheur et prospérité. Elle représente l'Univers avec sa carcasse en forme de voûte céleste, elle est le soutien du monde. Elle a des liens privilégiés avec le monde de la magie.

### La vache

Cet animal est sacré en Inde.

## À chacun sa pierre de protection

**« Le cristal est de la glace durcie pendant de nombreuses années. Selon l'avis de certains savants qui ont écrit en ce sens, il conserve le froid et la couleur de son origine. D'autres le nient et tiennent pour assuré qu'en de nombreuses parties du monde naît du cristal que n'a jamais touché aucune force de froideur ni aucun hiver glacé ; mais voici qui doit être établi aux yeux de tous et ne doit être mis en doute par personne : cette pierre, soumise au soleil, engendre du feu et enflamme habituellement l'amadou qu'on lui présente. Mélangée à du miel,**

**elle est donnée aux mères qui allaitent : grâce à cette boisson, croit-on, les seins se remplissent de lait. »**

---

**Marbode, *De lapidis* ou *Liber lapidum, seu de gemmis*, 1040-1123.**

Les lapidaires médiévaux, rédigés d'abord en latin, puis, à partir du XII^e^ siècle, en vernaculaire, furent nombreux à décrire les caractéristiques protectrices des pierres. Tout le monde pouvait obtenir assez aisément des « brefs » sur parchemin ou papier, mais les pierres précieuses et les bijoux-reliquaires étaient réservés aux plus riches, les gens du peuple se contentant d'amulettes végétales ou animales. Alphonse X signale que les pierres étaient choisies d'après leurs rapports avec les signes du zodiaque, les constellations et les étoiles, car considérées en relation étroite avec les planètes. À chaque pierre correspond une énergie spécifique nécessaire à la personne, qui diffère en fonction de son état ou de sa quête. Les pierres précieuses sont des larmes tombées des étoiles et chaque pierre a son étoile. L'hyacinthe dépend du Soleil, l'émeraude de la Lune, l'aimant et l'améthyste de Mars, la topaze et le porphyre de Mercure, le béryl de Jupiter, la cornaline de Vénus et la calcédoine et la jaspe de Saturne.

## L'aérolithe

On l'appelle « pierre à tonnerre », elle protégerait de la foudre et prévient aussi du mauvais œil.

## L'agate

C'est une pierre qui a toutes les vertus : elle rend gai, sympathique, assure aussi des trésors d'éloquence – c'est la pierre des orateurs et des grands bavards. L'agate agit contre le mauvais œil. Porter une agate renforcerait la vitalité du cœur (la force et le courage). Cette pierre très féminine favorise les rapports du couple et la solidité de l'union, elle rééquilibre la vie amoureuse et affective, et procure un sentiment de bien-être. L'agate guérit les enflures ainsi que le mal causé par l'excès de nourriture, elle soigne également les dents. Jetée au feu, elle chasse les serpents et les diables, détruit la malignité des charmes, des mauvais sorts et des poisons. On dit que la femme enceinte qui boit de l'eau dans laquelle l'agate a baigné durant trois jours accouchera sans difficulté.

## L'aigue-marine

L'aigue-marine facilite la communication entre les individus, elle serait même capable d'aider à gagner un procès en cours. La variété bleu-vert protège les amoureux et attire l'amour. Une amulette avec une aigue-marine promet un mariage heureux. Elle donne équilibre, joie et espérance, même dans l'adversité. Elle invite aussi à s'intéresser aux autres. Cette pierre protège des ennemis, des échecs, engendre le goût de l'étude. En numérologie, elle correspond au chiffre 4, qui est celui de la ténacité. Elle met les marins à l'abri des tempêtes, surtout si l'on y grave l'image de Poséidon. L'aigue-marine, pierre semi-précieuse, est souveraine pour protéger des poisons. Elle a tout pouvoir contre les esprits maléfiques. Elle conserve la jeunesse de son possesseur. Suspendue au cou, elle soigne les affections de la bouche. Qui boit une eau dans laquelle a séjourné une aigue-marine s'attire la sympathie. Enfin, on affirme que l'espérance triomphe du malheur si l'on offre cette pierre au mois d'octobre.

## L'alexandrite

L'alexandrite change de couleur et convient aux originaux sensibles. Portée à l'index, sur la gorge ou tenue dans la main, elle ouvre le cœur et l'esprit. Sa présence donne confiance en soi et rend optimiste.

## La pierre d'Alun

Au Moyen-Orient, elle protégerait contre le mauvais œil. En Asie, placée contre les murs des maisons et dans les vêtements des enfants, elle protège des démons. Répandre de l'alun dans un endroit où une femme accouche éloigne les créatures malfaisantes et attire la bienveillance des bons esprits.

## L'amazonite

L'amazonite est censée procurer une vision claire des choses.

## L'ambre

On dit qu'elle contient la lumière du monde. Très bénéfique, un collier ou pendentif d'ambre détient des pouvoirs d'apaisement, d'harmonisation et même curatifs – il pourrait soulager les fièvres, les rhumatismes ou les maladies des yeux. L'ambre active la nature altruiste, aide à la prise de décision et renforce la mémoire. Elle est aussi réputée pour faciliter les régressions vers des vies antérieures. L'ambre, en grec *êlektron*, a donné le nom « électricité », car si l'on frotte cette pierre, elle attire les corps légers. L'ambre protège des influences négatives et du mauvais œil. L'ambre convient particulièrement aux natifs du Capricorne et du Scorpion, elle rend invincible, aimable et séduisant.

## L'améthyste

C'est la pierre des impulsifs, elle incite à la pondération et à la compréhension. C'est la gemme idéale pour ceux qui évoluent dans le domaine juridique : avocat, magistrat… L'améthyste protège également des effets de l'alcool. Symboles d'humilité, les chapelets d'améthyste sont pour les moines bouddhistes des emblèmes de l'élévation de l'esprit. Cette gemme purificatrice amplifie les énergies curatives et spirituelles. Selon Pline l'Ancien, elle facilitait l'accès aux princes si on y avait gravé le nom du Soleil et de la Lune. Elle détourne grêle et sauterelles et donne du courage, renforce la mémoire, stimule l'intelligence. Elle est recommandée aux sportifs et aux amoureux, à toutes les personnes d'initiative. À Bruxelles, au début du XX^e^ siècle, de nombreuses jeunes filles portaient de petits cœurs en améthyste en guise de porte-bonheur.

## L'azurite

L'azurite permettrait de lutter contre l'indécision et favoriserait la circulation de l'énergie et le fait de se souvenir de ses rêves.

## Le béryl

Le béryl serait bon pour l'amour dans le couple, la fidélité et l'intuition.

## La calcite

On attribue à la calcite de nombreuses propriétés curatives. Elle est réputée avoir une bonne influence sur les organes du système digestif ainsi que sur les dents, elle accélèrerait la convalescence, aiderait à l'élimination des toxines, au soin des ulcères... On dit aussi qu'elle active les énergies et évite le rachitisme.

## La calcédoine

La calcédoine serait une pierre née de la rosée. Toute personne qui la porte sur elle gardera toujours une grande fraîcheur d'âme et de sentiments.

## La camée

La camée vient du mot d'origine celtique *gamahez*, talisman. Le camée est une pierre qui porte chance. Elle est souvent sculptée en relief et portée en bijoux.

## La chrysolithe

Cette pierre préserve de la folie. Il est conseillé de l'offrir au mois de septembre. En amulette, elle prévenait jadis les crises d'asthme. Réduite en poudre, elle était recommandée pour soigner certaines maladies du poumon.

## La chrysoprase

Elle renforcerait les yeux et apporterait du bonheur.

## La citrine

Cette pierre rend joyeux et de bonne humeur. Elle est excellente pour les étudiants au moment des examens et pour des travaux intellectuels intenses. Elle accroît le respect de soi, attire l'abondance et favoriserait l'auto-guérison par la connaissance de soi.

## Le corail

Pour chasser l'angoisse, il faut porter un morceau de corail sur soi. Ce minéral permet de lutter contre la peur, la fascination, la mélancolie, le manque de volonté et la folie. Porter une branche de corail sur soi protège d'à peu près tout. Cela améliorerait même les dons artistiques et l'expression de soi.

## La cornaline

Cette pierre rouge vient de Vénus. La cornaline protège du mal. Elle attire la chance aux jeux du hasard, arrête la colère et chasse toutes les mauvaises influences astrales. Elle est efficace pour effacer les chagrins d'amitié ou d'amour. Elle est également bénéfique pour la régénération des tissus, protège des morsures d'animaux et préserve des larmes et de la soif.

## Le cristal

Le cristal renforce l'aura, concentre fortement l'énergie et purifie. Il existe toute une magie des cristaux et une thérapie entière est consacrée à la guérison par les cristaux. Il renforce aussi la mémoire, l'imagination, l'intuition et la voyance. Dans le Nord, la croyance veut que pour se préserver des cauchemars, il faut porter un cristal de roche.

## Le diamant

Le diamant est la reine des pierres, la plus pure. Il est idéal pour les jeunes ménages, qu'il protège. Il est aussi la pierre de la réconciliation, de l'apaisement des conflits, il permet notamment de lutter contre la jalousie. Le diamant protège également de la folie et empêche les cauchemars : il chasse les fantômes, le stress et développe la clairvoyance. Si vos nuits sont agitées, portez un diamant en dormant et votre sommeil sera doux. On l'utilise aussi pour purifier et énergiser.

## L'escarboucle

L'escarboucle est le nom donné au Moyen Âge au grenat et au rubis. Elle protégeait le voyageur des dangers.

## L'émeraude

La couleur verte de l'émeraude représente l'espérance, la jeunesse et la fertilité. Cette pierre précieuse est considérée comme le plus puissant des talismans. C'est simple, elle protège de tout. Pierre de l'espérance et des amants, l'émeraude apporterait aussi à celui qui la porte richesse et chance. Elle serait favorable au savoir, à la méditation, à l'intuition. L'émeraude fait bien parler ceux qui la portent, guérit de la fièvre, protège contre la goutte et est aussi bénéfique pour les yeux.

## La fluorite

La fluorite est une jolie pierre favorisant l'énergie à tous les niveaux. Elle préserve des affaiblissements tant corporels que spirituels et, surtout, soulage de tous les ennuis. Elle aide aussi à la concentration et à la réflexion. C'est la pierre des scientifiques et des chercheurs.

## Le grenat

Cette pierre est un gage de constance. Elle protège des blessures et des tentations. C'est aussi la pierre de la clairvoyance et de l'amitié ; le grenat permettrait même de découvrir des trésors cachés. Il favoriserait l'action, le plaisir dans l'action et le succès – d'autant plus qu'il est rouge vif. En amulette, il protège le voyageur : on disait qu'il devenait noir à l'approche d'un danger. Le grenat porte chance aux personnes de petite taille et soulage également la douleur des veuves.

## L'hématite

C'est une pierre porte-bonheur et celle des guerriers. On dit qu'elle guérit les blessures, aide à reprendre goût à la vie, éloigne les mauvaises pensées et apporte courage et protection. On dit qu'elle est aussi source de chance en affaires et qu'elle calme les gens angoissés.

## La hyacinthe

C'est une pierre d'énergie contenue. Elle dynamise, développe l'enthousiasme et la gaîté sans extériorisation excessive. Elle attire à elle la bonne fortune, avec discrétion. Elle influe sur le chakra du sexe et est ainsi un puissant stimulant pour l'homme.

## Le jade

Depuis des millénaires, le jade sert à la fabrication d'objets porte-bonheur. Les amulettes de jade protègent la maison. C'est la pierre des natifs de la Balance et du Sagittaire et de ceux qui recherchent la sérénité. En Chine, le jade vert est la pierre de la noblesse d'âme et de la puissance. Il incarne les cinq vertus cardinales : charité, modestie, courage, justice et sagesse. Le jade est une pierre très apaisante. Il harmoniserait la vie familiale, apporterait la beauté et favoriserait les dons pour la musique.

## Le jais

Le jais éloigne la malchance, les envoûtements, les querelles de famille et disputes de voisinage. Il est préférable de ne pas le porter lorsque l'on est dépressif. Il préserve des dangers marins et améliore les talents d'orateur. Une personne qui porte du jais est censée ne jamais être frappée par la foudre.

## Le jaspe rouge

C'est une pierre souvent citée comme protection contre le venin. Jadis utilisé contre les jeteurs de sorts et pour les désenvoûtements, on s'en sert désormais pour lutter contre les ennuis de toutes sortes, les ennemis, ou pour gagner un procès. C'était la pierre des mages qui voulaient déclencher la pluie, le vent, la tempête…

## Le jaspe vert indien

On peut utiliser le jaspe vert indien dans toutes les situations difficiles de la vie dans lesquelles il faut être confiant : pour les procès et les examens. Il est aussi bon pour l'amour et le courage.

## Le lapis-lazuli

Le lapis-lazuli aide à se souvenir de ses rêves et à comprendre leurs messages. C'est la pierre de la clairvoyance, de l'introspection, des bonnes relations parents-enfants. Réputé favorable aux enfants, le lapis-lazuli remonte le moral. Il purifierait l'esprit et était utilisé pour désenvoûter. Il permet également de lutter contre les maux de tête et les zonas et aide à la guérison en général. Il donne du courage aux malades.

## La magnétite, pierre d'aimant

La magnétite recentre les énergies.

## La malachite

La malachite est une pierre bénéfique pour le système nerveux, elle remonte les niveaux d'énergie. On lui accorde aussi la propriété de développer la capacité de persuasion : on dit qu'elle empêche les procès et favorise le succès dans les affaires. Cette pierre a la réputation d'absorber la douleur en l'appliquant sur la partie endolorie. Elle améliorerait l'humeur de qui la porte. On la dit favorable aux femmes enceintes et à ceux qui parlent en public. Anciennement, elle était censée protéger des chutes. Boire dans un gobelet de malachite permettrait de comprendre le langage des animaux.

## Le mica

Ce minéral fait briller en toutes circonstances. Il attire la réussite et détient aussi le pouvoir de conserver cette réussite pour ceux qui l'ont obtenue.

## L'obsidienne

Véritable porte-bonheur, c'est un puissant bouclier qui protège contre les énergies négatives.

## L’œil-de-chat

L’œil-de-chat est la pierre des sportifs. Il apporte la chance et la richesse. On dit aussi qu’il favorise la vision nocturne.

## L’œil-de-faucon

L’œil de faucon améliore les troubles de la vue. Ses effets sont puissants et efficaces. Il favorise la réussite sociale et intellectuelle.

## L’œil-de-tigre

L’œil-de-tigre apporte de l’énergie, il affine l’intelligence pratique et concrète, favorise l’optimisme, la stabilité et la tolérance. Il agit comme un miroir contre le mauvais œil, réfléchissant les énergies négatives vers leur émetteur. On en disposer plusieurs morceaux chez soi pour empêcher le mal d’entrer.

## L’onyx

L’onyx nous aiderait à comprendre nos peurs. Il était jadis censé causer la discorde dans les rangs ennemis. Il donne le sens des responsabilités et du *self-control*. Ainsi, il est idéal pour les personnes qui doivent passer un examen.

## L'opale

L'opale ornait le bâton des généraux romains, car elle protège les entreprises guerrières. Elle est la pierre des timides, elle leur donne du courage. L'opale est la pierre que l'on offre au mois d'octobre, elle rappelle que l'on peut toujours triompher du malheur. C'est une pierre de chance en Orient. Elle stimule l'énergie qui s'élève vers le ciel.

## La pierre de lune

La pierre de lune ou sélénite est un alliage d'aluminium et de potassium. Elle protège la famille, mais c'est surtout le porte-bonheur privilégié des hommes d'affaires, de ceux qui détiennent du pouvoir. La pierre de lune favorise leurs entreprises, pourvu qu'elles soient honnêtes. Spéculateurs véreux ou PDG mal intentionnés verront le porte-bonheur se retourner contre leurs mauvaises actions. On dit aussi qu'elle procure le bonheur conjugal, favorise les rêves prémonitoires, développe l'imagination et régule les cycles menstruels.

## La pierre de tonnerre

On appelle « pierre de tonnerre » les boules de marcassite, car elles protègent de la foudre. Pour cela, il faut la placer dans les fondations du bâtiment, dans les trous des murs, sur les fenêtres ou encore dans son chapeau.

Pour protéger les enfants de maladies des yeux, on peut la leur faire porter en collier. Les pierres de tonnerre, ou encore aérolithes préviennent aussi le mauvais œil.

## La pyrite dorée

C'est la pierre de toutes les personnes dont le métier se rapproche, de près ou de loin, du feu et de la construction. Elle donne le sens de l'organisation et permet d'obtenir une excellente mémoire.

## Le quartz rose

Le quartz rose guérit des peines de cœur et convertit à l'amour les cœurs les plus durs. Il préserve l'amour et la tendresse dans le couple. On lui accorde également la vertu d'éloigner les ennemis.

## Le rubis

Cette pierre procure la force physique et spirituelle. Le rubis est très précieux pour aider à combattre les difficultés de la vie. On dit qu'il agit contre la timidité. Sa couleur rouge foncé l'a amené à être de tout temps associé à la passion, à l'amour fou. Il augmente le sentiment de confiance en soi et la vitalité. Il permet l'expression des idées et protège du mal.

Le rubis est la pierre des enfants. Il les protège des dangers. C'est aussi l'emblème de la prospérité et de la joie.

## Le saphir

Pierre sacrée pour les Égyptiens et les Romains, le saphir protège les chastes des tentations charnelles. Si vous êtes souvent angoissé, un bijou orné d'un saphir est fait pour vous : il chasse panique et peurs. Il est aussi réputé favoriser la créativité, l'originalité et la paix de l'âme, il permet de découvrir son potentiel artistique. Cette pierre préviendrait aussi la fièvre, les maladies des yeux, les troubles veineux, les poisons. Elle protègerait aussi de l'envie et de la trahison. Le saphir étoilé contre les effets de la magie. Jadis, c'était la pierre des devins et des nécromanciens : il développe les facultés extrasensorielles.

## La topaze

La topaze était reconnue pour accroître la sagesse ; elle protègerait de la folie et de la magie noire et chasserait la peur. Elle attire la faveur des grands et ouvre à toutes les inspirations. Elle purifie l'âme. On lui prête une action sur le système nerveux, les maux de tête et la gorge. Cette pierre viendrait de Mercure et, portée sur soi, protège des rhumes, des grippes et des coryzas, car elle active la chaleur du corps.

## La turquoise

Une amulette de turquoise préserverait la santé, protègerait du mauvais sort et porterait chance. Une de ses propriétés légendaires est de changer de couleur au gré de la santé de son propriétaire. Elle protègerait les chevaux et les cavaliers. Si l'on porte sur soi une turquoise, on est assuré d'échapper à tout type de dispute.

## Plantes et fleurs protectrices

### L'abricotier

En Andalousie, les femmes qui ont mis sous leurs jupes des feuilles et des fleurs d'abricotier sont irrésistibles.

### L'acacia

Une épine d'acacia peut vous protéger du tonnerre. Au Canada, une branche de cet arbre offerte à sa bien-aimée la rendra fidèle et vertueuse. Dans le Moyen Atlas, une branche d'acacia verte et feuillue chasse les djinns d'une chambre. Et, dans tout le Moyen-Orient, un morceau de bois d'acacia glissé dans sa coiffe arrête les influences néfastes.

### L'agave

L'agave est une fleur commune d'Amérique du Sud qui, transplantée en Méditerranée, ne fleurit qu'une fois tous les cent ans. Lorsqu'elles couvrent une maison, les grandes feuilles ont un pouvoir de fertilité.

## L'ail

L'ail sur la table de chevet met à l'abri des mauvaises fées et éloigne les mauvais esprits. Il est efficace contre la malchance. Il est recommandé de prendre une gousse d'ail dans ses bagages lorsque l'on part en voyage. Une croyance très répandue et des plus persistantes veut que l'ail protège contre le mauvais œil, ce regard empreint de jalousie ou de méchanceté qui peut vous rendre malade ou vous envoyer un mauvais sort par la simple force de son énergie négative. Du Bassin méditerranéen jusqu'au fond de la Chine, en passant par l'Amérique, on trouve des tresses d'ail qui pendent dans les maisons, pour éloigner le mauvais œil aussi bien que les revenants, et, aujourd'hui encore, les paysannes siciliennes glissent quelques gousses dans leurs chapeaux ou dans leurs sacs. En Italie, en Grèce, en Provence comme en Inde, des bouquets de têtes d'ail attachés de laine rouge sont vendus sur les marchés à cette unique fin. Pendant des siècles, la présence de ces tresses d'aulx dans les maisons de Méditerranée a suffi à rassurer les femmes : il éloigne les vampires et, placé près des berceaux, éloigne les serpents.

*Allium sativum*, selon Paracelse, est à la fois aliment, remède et talisman. Il éloigne les parasites astraux, les brûle et brise leurs influx. Il nous protège même, toujours selon Paracelse, contre nos mauvaises pensées personnelles. En Sicile, on répand de l'ail dans toutes les pièces d'une maison neuve afin de conjurer la malchance.

## L'aigremoine

Cette plante à fleurs jaunes en épis conjure la malveillance d'un individu, à condition de la cueillir lorsque seule la partie basse est fleurie.

## L'airelle

Elle attire la bonne fortune, agit contre maléfices et malédictions. L'airelle des marais, répandue devant la porte, éloigne les farfadets. En Forêt-Noire, au mois d'août, la maîtresse de maison met un point d'honneur à placer sur le dessus du buffet une corbeille remplie de ces baies rouges qui attirent ainsi la chance dans le foyer pendant toute l'année.

## L'ajonc

Au pays de Galles, les haies d'ajoncs plantées autour des maisons mettent à l'abri des forces maléfiques et, jadis, les Gallois priaient les ajoncs de bien vouloir les protéger.

## L'alchémille

Sacrée chez les Vikings, son nom vient de l'arabe *al-kemelieh*, qui signifie alchimie. Avec les fleurs séchées d'alchémille, on fabriquait jadis des sachets destinés aux vœux d'amour.

## L'alétris

Il s'agit d'une plante que les pionniers américains plantaient aux quatre coins des maisons pour éloigner le démon. Les sorcières de Nouvelle Angleterre l'utilisaient pour désenvoûter. Ce « maïs des corbeaux », enterré sur le chemin d'une maison, repoussait toute personne malveillante.

## Les algues

Les laminaires, algues brunes des océans, dont le jus est aphrodisiaque, protègent la quiétude du foyer. Les marins de Tréguier pendaient chez eux un goémon sec nommé « arbre de sainte Barbe ». Le varech est l'amulette traditionnelle des marins et, par extension, des aviateurs, qui traversent les mers. Les Bretons embarquent aussi sur leurs bateaux du *Chondrus crispus*, une algue rouge. En Turquie, en Syrie et à Chypre, les algues rouges portent chance au jeu et attirent l'argent. En Nouvelle-Angleterre, on lave les magasins avec une infusion de varech pour s'assurer des vibrations positives.

## L'aloès

Chez de nombreux peuples d'Afrique, on suspend l'aloès aux toits des habitations pour chasser les esprits et porter chance au village.

## L'alysse odorante

Les Dioscures, Castor et Pollux, enfants de Jupiter et de Léda, portaient des amulettes contenant les fleurs et racines séchées de cette plante. Ils lui attribuaient leur chance pendant l'expédition des Argonautes. On l'appelle également le gazon de Marie. L'alysse fait passer la colère et protège de l'angoisse et des cauchemars.

## L'amande

L'amande protège de la foudre, des hémorroïdes et du mal de dents, et fait disparaître, dit-on, les verrues. Amour et sentiments sont protégés lorsqu'on porte sur soi un morceau d'une branche d'amande effeuillée. Cette amulette est réservée aux hommes.

## L'amarante

L'amarante était sacrée chez les Romains et les Grecs. Virgile raconte que les poètes devaient s'en couronner pour éloigner la médisance. Pour en faire une amulette, il faut cueillir la fleur un vendredi, la laisser sécher et la porter ensuite dans un sachet, sur un sous-vêtement ou la placer chez soi. En Aquitaine, l'amarante portée sur soi garantit le succès de toute entreprise. Elle était la plante sacrée des Aztèques et des Toltèques, qui l'associaient à l'air et au feu.

## L'ananas

Porté dans un sachet contenant des morceaux du fruit séché, l'ananas protège ceux qui sont confrontés à l'aventure ou à des affaires risquées.

## L'ancolie

Appelée également gant de fée ou gant de Marie, cette plante donne du courage et de l'audace. Les contrebandiers de Navarre ne franchissaient jamais la frontière sans avoir sur eux une ancolie.

## L'anémone

L'anémone est aussi appelée larme de Vénus ou sang d'Adonis. Selon Pline, les mages conseillaient de placer la première anémone de l'année dans une étoffe rouge et de la porter en amulette dès les premiers symptômes de fièvre. Les premières fleurs de printemps protègent des maladies toute l'année, et des anémones dans un sachet dont la couleur se rapproche de celle de leurs pétales triomphent du mauvais œil. Si l'on veut protéger sa maison, il faut avoir des pieds d'anémones dans son jardin.

## L'aneth

L'aneth stoppe les sorcières dans leurs desseins. Pythagore et Hippocrate conseillent d'avoir de l'aneth dans la main gauche pour lutter contre l'épilepsie et les sortilèges. Les graines d'aneth triomphent de la folie. En Europe de l'Est, on met sur la porte des maisons de l'aneth, racines en l'air, et quand les femmes perdent un objet, elles offrent des bouquets d'aneth aux icônes pour le retrouver.

## L'angélique

C'est l'archange Raphaël qui en révéla les propriétés, d'où son nom, peut-être. L'herbe aux anges, ou herbe au Saint-Esprit, pousse chez nous à l'état sauvage, sauf dans les régions montagneuses. La Renaissance la surnomma « racine du Saint-Esprit » en raison des graves maladies qu'elle permettait de soulager. Madame de Sévigné, quand elle voulait faire un compliment sur une jeune personne, écrivait : « Elle est justement comme l'angélique, elle est parfaite, elle est singulière, elle est exquise. » Les sorciers et les mages se servaient d'un rameau d'angélique pour délivrer les envoûtés et briser les enchantements. Pour protéger les enfants des sortilèges, il faut suspendre à leur cou un morceau de cette plante. La racine d'angélique a également la réputation de préserver de la grippe et de maintenir en bonne santé. Accrocher de l'angélique au plafond porte chance. Les Lapons avaient pour coutume de poser sur leur tête une couronne d'angélique lorsqu'ils cherchaient l'inspiration.

## L'anis

Selon le naturaliste latin Pline l'Ancien, cette plante éloigne toute maladie et rend invincible.

## L'arbousier

Cette plante sacrée des Anciens était consacrée à la nymphe Carna, qui utilisait une baguette d'arbousier pour guérir les enfants malades ou frappés d'un maléfice. Dans les pays arabes, ces arbres ont un grand pouvoir de protection, ils éloignent les démons et certains arbustes rabougris ont les branches recouvertes d'étoffes. Ce sont des arbres-marabouts qui prennent sur eux les maladies et maléfices de ceux qui les invoquent.

## L'armoise

On l'appelle l'herbe de la Saint-Jean, le tabac de saint Pierre, l'herbe de feu, l'herbe aux cent goûts et, en Provence, la *carpapudze*, l'herbe qui prend les puces. Marcellus Empiricus, médecin bordelais, notait, au IVe siècle : « Les voyageurs ayant l'armoise liée sur eux ne sentent lasseté aucune. » Il recommandait de s'en ceinturer pour se préserver des maux de reins. On en tressait des couronnes pour se protéger des fièvres malignes et préserver sa maison des voleurs et de la foudre, et la tradition voulait que l'on jetât ceintures et couronnes dans les feux de la Saint-Jean. On croyait alors que l'armoise devait ses vertus au solstice d'été et perdait tout pouvoir après la fête. L'armoise a pour marraine Artémis (ou Diane), la déesse protectrice des vierges, en raison des services qu'elle a toujours rendus aux femmes pour provoquer facilement les règles.

## L'avocat

Enfants, on a tous fait germer un noyau d'avocat dans une carafe – amusante expérience, selon le professeur de sciences naturelles. Eh bien, pas seulement : c'est un porte-bonheur, et on ne nous l'avait pas dit.

## Le blé

En Provence, on interroge le blé sur le sort d'un mariage en tenant dans sa main fermée huit feuilles de blé dont les extrémités dépassent. On tente ensuite d'attacher les bouts deux par deux de chaque côté tout en demandant au blé de dire si les personnes sont destinées l'une à l'autre. Si on arrive, sans regarder sa main, à lier les huit feuilles en un seul bloc, le mariage est certain.

L'épi double – d'ailleurs nommé « blé des sorcières » – porte malheur, sauf en Hainaut où il est bénéfique. Les sorciers écossais pratiquaient un envoûtement appelé « enterrement de la gerbe », qui consistait à dire certaines prières dos à un autel et à donner une forme humaine à une gerbe de blé. Le sorcier enfonçait ensuite dans les nœuds de la paille des épingles parfois tordues en forme de cœur. Il enterrait enfin la gerbe près de la maison de son ennemi, qui devait alors mourir lorsqu'elle était décomposée.

Attention, se rendre dans son champ le premier dimanche de mars arrête la croissance du blé en Bretagne, et, dans le Gers, on ne va jamais sur ses terres entre la Saint-Jean et la Saint-Pierre ; des paysans ont d'ailleurs été mystérieusement tués dans leur champ en visitant le blé la nuit qui suit la Saint-Jean.

## Le buis

En Bretagne, on dit que pour que les fourmis s'enfuient de la maison, il faut placer dans les placards deux morceaux de buis croisés. Et dans le Jura, il faut être le premier, le jour des Rameaux, à rapporter dans la maison un morceau de buis béni, afin d'avoir de la chance tout au long de l'année.

## La camomille

En répandre autour de la maison protège le foyer. Les joueurs en mal de chance peuvent se laver les mains dans une infusion de camomille.

## L'edelweiss

L'edelweiss pousse dans les montagnes d'Europe ou d'Asie. Il faut l'enterrer puis le déterrer un vendredi de pleine lune, le mettre dans un linge blanc et faire marcher sur ce linge un âne et un bœuf. Après tout cela, promis, c'est un porte-bonheur garanti invulnérable.

## L'euphorbe

Les Chaldéens se servaient de l'euphorbe pour purifier une maison après une naissance. Dans tous les pays méditerranéens, on attribue à cette plante le pouvoir d'éloigner les démons de toutes sortes ainsi que les djinns.

## Le figuier

L'Orient a toujours considéré le figuier comme l'arbre de la science religieuse. En Égypte, le sycomore ou *Ficus sycomorus* figurait l'arbre cosmique, et ses fruits divins, première nourriture des hommes, constituaient la nourriture des morts dont les âmes hantaient l'arbre sacré. Ainsi, le figuier était-il considéré comme l'arbre initiatique par excellence. Le figuier qui se dessèche et dépérit annonce le déclin de la ville. Abondance et initiation sont ses significations récurrentes et les grains de ses fruits montrent à la fois l'unicité et l'universalité du véritable savoir, la connaissance alliée à la foi. On dit aussi que couper les ongles d'un enfant sous un figuier lui assure une belle voix.

## Le genêt

En France, en Angleterre, aux Pays-Bas et dans l'Allemagne du Nord, la coutume voulait qu'on en suspende dans les maisons et dans les étables.

## Le gui

Le gui peut rendre invulnérable si on le porte en collier et apporte le bonheur si on l'accroche dans une maison ou à la poignée de la porte de jeunes mariés. Jeter une branche de gui dans le feu la nuit de Noël protège la maison au long de l'année.

## Le houx

Le houx, comme le gui, sous nos latitudes, apporte prospérité et bonheur. Placer du houx au-dessus des portes ou à l'intérieur est le meilleur moyen de s'assurer d'heureuses fêtes à la condition de l'avoir acheté ou cueilli avant Noël. Grâce à ses piquants, le houx protège du mauvais sort. Sa couleur verte permanente est un signe de protection durable.

## Le lys

Il est, pour les Grecs, la fleur des fleurs, il a toutes les vertus. Les Romains l'appelaient la rose de Junon. C'est un porte-bonheur amoureux.

## La luzerne

Avoir de la luzerne dans son jardin ou accrochée chez soi protège de la pauvreté.

## La mandragore

La mandragore est reconnue comme une amulette depuis l'Antiquité. Il existe deux façons de s'en parer : un petit morceau porté sur soi ou une poudre glissée dans le chaton d'une bague. Cela favorise la chance, résout les conflits et donne un pouvoir amoureux redoutable. La mandragore assure le bonheur de l'existence. On la reconnaît à sa racine en forme humaine.

## Le millepertuis

Cette herbe fait partie des principales herbes de la Saint-Jean et permet de chasser les idées noires et de combattre la peste.

## Le muguet

Le muguet favorise le travail de création. En offrir le 1er mai porte-bonheur. Une légende raconte que le muguet pousse des deux côtés de la porte du paradis et que ses clochettes tintent dès qu'une âme pure y entre.

## Le mûrier

Planter un mûrier contre le mur de sa maison porte bonheur. Se servir d'un arc fait de son bois et tirer quatre flèches vers les quatre points cardinaux également – c'est toutefois un peu délicat à faire au cœur d'une ville, mieux vaut tenter le coup à la campagne en s'assurant que personne ne se promène à portée de flèche.

## Le noisetier

En planter un près de l'entrée de la maison protège celle-ci.

## L'oignon

L'oignon rend courageux et fort et éloigne les démons.

## L'olivier

Votre partenaire a un caractère abominable ? Glissez un rameau d'olivier sous son oreiller et son humeur sera égale à la rosée du matin.

## L'ortie

En Irlande, on échappe à tous les mauvais sorts et sortilèges avec une poignée d'orties.

## La rose

La rose rouge favorise la conception. La femme qui souhaite tomber enceinte doit conserver sur elle des pétales de rose séchés dans un petit sachet de soie rouge.

# CONCLUSION

Une énergie, vibration subtile, constitue le substrat de toute chose. Nous sommes en lien avec les éléments du cosmos que nous attirons ou que nous rejetons et qui constituent autant de combinaisons et de séparations sur lesquelles nous agissons inconsciemment. Avant les découvertes de la mécanique quantique, les physiciens pensaient qu'un atome était semblable au système solaire. La mécanique quantique a démontré qu'il n'en est rien. L'électron est à la fois une onde et une particule. Le temps n'existe pas, il n'y a pas de temps en tant que tel, pas de trajectoire, mais l'addition aléatoire de corpuscules. Nous sommes composés d'atomes notamment composés d'électrons, mais ces derniers peuvent être n'importe où autour de nous. Toutes les particules ne sont pas chargées négativement ou positivement, une particule peut être simultanément positive et négative et conduire à un saut d'énergie instantané. On dit que 99,9 % de ce qu'on considère être de la matière n'est que de l'énergie, que cette *matière* n'existe donc pas en tant que telle. Pour certains physiciens quantiques, la pensée peut donc ainsi agir sur la matière.

La confiance que l'on met dans la puissance d'une amulette ou d'un talisman lui confère peut-être l'énergie nécessaire pour nous protéger ou nous défendre contre une autre énergie, négative celle-là. Ou peut-être, au-delà de la fonction prophylactique de l'amulette, l'énergie de son symbole, d'une image pieuse, d'un texte inscrit dans sa trame, attire-t-elle une énergie positive ou repousse-t-elle une énergie négative. Peut-être, grâce à la force du verbe, d'un rituel, tous deux chargés d'une histoire, grâce à la force inscrite siècle après siècle dans ces lettres *sacrées*, les talismans attirent-ils comme des aimants l'énergie désirée et protègent ainsi contre l'adversité.

Amulettes, talismans, gestes protecteurs, comment ont-ils pu traverser les siècles et constituer, encore aujourd'hui, au moins une parure ou un réflexe, même pour les plus rationalistes, les plus agnostiques ?

Et si c'était parce que nous ressentons d'une manière confuse, sans doute plus confusément aujourd'hui que nos ancêtres, qui étaient davantage dans l'intuition et l'exacerbation des sens, qu'il existe un lien indéfectible entre l'ensemble des matériaux qui constituent l'Univers, nous inclus ? Nous sommes à la fois *chargés* et *en charge* de ce qui nous entoure. Et, de la même façon que nous ressentons une sympathie ou de l'antipathie spontanément pour quelqu'un, de la même façon que, parfois, sans nous en douter, nous pouvons influencer ou être influencés par quelqu'un, les images, les lettres, les mots prononcés, les objets, les maisons, tous les éléments autour de nous sont chargés d'une énergie qui nous traverse et peut parfois nous donner de la force ou, au contraire, nous vider.

Combien d'entre nous ne se sont-ils pas sentis heureux à la lecture ou en entendant une simple phrase, qu'il s'agisse d'un texte sacré de philosophie ou de littérature ? De la même façon, la poésie, en quelques lettres, peut nous restituer le bonheur de vivre au diapason de l'âme du monde, ou une œuvre d'art peut nous toucher soudain profondément et nous donner le sentiment de participer à la résonance de ce même monde.

Comment s'étonner, dès lors, qu'une phrase, lue ou portée sur soi comme un talisman, choisie parmi les paroles les plus sacrées écrites ou prononcées par des hommes en lien avec ce qu'on appelle le ciel ou le cosmos, ce monde qui existe et s'étend à l'infini, hors de la petite monade dans laquelle nous sommes enfermés, puisse avoir un impact puissant et un rôle de protection sur nos existences ?

Une énergie émane du cosmos, chargée par toute chose et dans tout être. Et tout être, toute chose est un aimant vivant en attraction avec d'autres aimants qui possèdent une énergie propre et peuvent la partager au gré d'une volonté, d'un désir, d'une prière. Ce sont ces échanges d'énergie permanents qui favorisent l'équilibre et l'harmonie. Notre corps vibre, chacun de nous est un récepteur d'ondes. Les objets exercent des forces attractives ou répulsives sur d'autres matériaux. Tous les matériaux sont influencés par la présence d'un champ magnétique. Toute matière est constituée d'atomes qui bougent, s'agitent en même temps ici et ailleurs, sachant que seule l'énergie parvenue à un certain degré de concentration devient visible à nos yeux, mais que certains perçoivent sans effort ces auras d'énergie.

Alors peut-être, portés sur ou avec soi, ces amulettes et talismans constituent-ils des *antennes*, des récepteurs de ces ondes énergétiques que nos cinq sens ne perçoivent pas forcément ? Et si capter ces ondes nous soulageait en nous remettant au diapason d'une harmonie ? Nous savons désormais que des ondes sont émises par les arbres, les fleurs, les animaux, les pierres, les objets, que chacun possède une fréquence dont la mesure est infinitésimale. Nous savons aussi que ces vibrations, notre corps les ressent sans que nous soyons capables d'en être forcément conscients ni de les décoder. Pourquoi ces ondes ne nous feraient-elles pas du bien, si nous sommes en harmonie, ou du mal, si elles s'inscrivent en rupture de nos pensées ou de nos corps ?

Nos écrits, nos paroles, nos pensées se transforment-elles aussi en signaux de nature électromagnétique qui vibrent sur une fréquence particulière et renvoient en retour un *signal miroir* à une question, à une attente, à un désir exprimé par le biais d'un objet ?

La puissance vibratoire d'une amulette, d'un talisman, d'une parole ou d'une pensée rentre peut-être en connexion avec une énergie infinitésimale qui rétablit en nous équilibre et harmonie, grâce sans doute à cet *ange gardien* qui nous guide et nous renvoie, au-delà de l'espace et du temps, son énergie protectrice.

# ANNEXE

Vous trouverez dans les pages suivantes une liste non exhaustive de charmes et de protections, par ordre alphabétique.

## Pour se préserver du mauvais œil et de la malchance

### A

Abracadabra
Abraxas
Acacia
Aérolithe
Agate
Aigremoine
Aigue-marine
Ail
Airelle
Alliance
Alun
Amarante
Ambre
Ammonite
Anémone
Aneth
Angélique
Anneau
Arbousier
Argent
Aubépine
Aulne

### B

Baleine
Balle de fusil
Bambou
Basilic (la créature comme la plante)
Bélier
Bête à Bon Dieu
Bible
Blaireau (poils de)
Blé
Bleu
Bois (toucher du)
Buffle (cornes de)
Buis béni
Buse

### C

Cactus
Carré magique
Feuille de cèdre
Cerf
Bouchon de champagne
Chandail (avoir un trou à son)
Chandail (le passer « devant-derrière »)
Chanvre
Chapelet béni
Charbon de bois
Chardon
Chardon (duvets de)
Chardon sec
Charme (bâton aux bouts fourchus de)
Chat (qui éternue)
Chat noir
Chaussette (dépareillée)
Chaussette (enfilée à l'envers)
Chaussette (enfiler d'abord la chaussette gauche)
Chauve-souris (os de)
Cheminée (brûler des fagots d'épines ou de résineux dans la)
Chemise (tacher sa)
Chêne (se réfugier sous un)

# D



# E

Éléphant (monter sur le dos d'un, recevoir en cadeau une bague ou un bracelet de poil de queue d')
Ellébore
Empreintes (mettre le pied dans les traces de pas d'un saint ou d'un personnage divin)
Encens
Épée
Épingle (trouver une épingle dont la pointe n'est pas dirigée vers soi)
Épiphanie (avoir la fève)
Éternuement (éternuer en même temps que quelqu'un)
Étoile (voir la première étoile du soir)
Étoile (filante)
Étranger (loger un étranger dans une nouvelle maison la première nuit, un étranger qui boit tout le contenu du verre d'eau qu'on lui a donné)
Eucalyptus (baies vertes d'eucalyptus montées en chapelet, collier ou ceinture)
Éventail (porter la représentation d'un éventail en or, argent, cuivre ou bronze en pendentif ou en bracelet)
Excréments (marcher du pied gauche dans des, être taché par des, porter une amulette en forme d')

# F

Faïence (casser de la)
Faucille
Fer (en avoir sur soi, trouver du –si possible vieux et rouillé –, toucher du)
Fer à cheval (avoir un, trouver un)
Fil (porter au poignet droit un fil rouge)
Flèche (pointe de)
Fleurs (jaunes, tressées en croix, avec une anomalie dans le nombre de pétales, offrir des fleurs, en jeter sur les mariés, offrir des fleurs violettes)
Fossette (avoir une)
Fou (vivre sous le même toit qu'un)
Fougère (graines de)
Fraisier (fraisier sauvage)
Framboisier (branches de framboisier sauvage)
Frêne (feuilles de)

# G

Gauche (enfiler d'abord sa chaussette gauche)
Giroflier (clou de girofle, fumigations de clous de girofle)
Gui (s'embrasser sous le gui à Noël ou au Nouvel An, passer par hasard sous le gui, en avoir autour du cou ou dans les maisons)

# H

Héliotrope (rêver d')
Henné
Hérisson
Hexagramme (sur un talisman, une arme ou une bague)
Hibou (trouver une plume de, amulettes en forme de)
Hippocampe
Houille (morceau de)
Houx
Hyacinthe

# I

Image pieuse
Immortelle (en croix)
Insecte (amulette en forme d')

# J

Jacinthe (fleurs séchées en amulette)
Jade (amulettes de)
Jade blanc
Jais
Jaspe (en bague ou broche, toujours du côté gauche)
Jonc

Jonquille (première de l'année)
Joubarbe
Jupon (mettre ses jupons à l'envers, porter sept jupons)
Justice (s'habiller de blanc pour aller au tribunal)

## L

Lapin (patte de, lapin de Pâques)
Lapis-lazuli
Laurier
Léopard (dents de)
Lettre (conserver les lettres que l'on a reçues)
Lézard
Licorne
Lin
Lion (bague en or ou en argent gravée d'un lion)
Lotus
Luciole (en voir une la nuit de la Saint-Jean)
Lune (à la nouvelle lune, cracher dans ses mains et les passer sur son visage, portée en amulette)
Lupin (marcher dans un lupin en graines)
Lys

## M

Main de Fatima
Maison (laisser une pièce de monnaie en quittant une)
Marraine (être marraine pour la première fois)
Mendiant (donner une pièce au premier rencontré le matin)
Mer (jeter par-dessus l'épaule de l'eau recueillie pendant le bain de l'Ascension)
Merle (voir un merle traverser le chemin)
Milan (voir un milan voler au-dessus de soi)
Mûrier (se servir d'un arc et de flèches en mûrier)

## N

Nacre
Nœud (faire un nœud dans sa barbe)

## O

Œil-de-chat
Œuf (écraser les coquilles de celui que l'on vient de manger, porter un)
Oiseau (qui se pose sur une personne, plus particulièrement sur la tête, recevoir de la fiente sur soi)
Opale (reçue en cadeau, pour les gens nés en octobre, rêver d'opale rouge)
Opale noire
Or (pièce d')
Oranger et orange (feuilles brûlées avec des peaux de serpents)
Orchidée
Orge
Ortie (sur soi ou au pied du lit)
Ours (peluche, voir un, griffes d', patte d'ours en peluche)

## P

Paille (coussins de, poupées de, rencontre avec quelqu'un portant un chapeau de)
Pain (cuit un vendredi saint)
Papillon (notamment blanc)
Pâques (œufs de Pâques rouges, porter un vêtement neuf le dimanche de Pâques)
Paradisier (attraper un)
Parrain (être parrain pour la première fois)
Pâtisserie (rouleau à pâtisserie en verre)
Paupières (battements de la paupière droite)
Pêche (placer une pièce de monnaie dans son bouchon)
Pêcher (bâton de et figurines en bois de) et pêche (noyaux de pêches bénis à la Saint

# R

# S



# T

Turquoise (talismans de)

## V

Vache (cœur de)
Vaisselle (casser souvent de la)
Veine (avoir les veines très saillantes)
Ver luisant (en trouver un)
Vers (attrapés le jour de la Saint-Jean)
Verre (casser du verre blanc)
Vert (offrir un objet vert surtout le matin)
Verveine (s'offrir des bouquets de verveine au Nouvel An)
Vêtement (brûler accidentellement un vêtement, porter un vêtement cousu par une gauchère, embrasser sa manche, enfiler à l'envers, retourner un vêtement ou une poche, étrenner un vêtement neuf le jour de Pâques, pincer le bras d'une personne qui porte un nouveau vêtement)
Vigne (manger du raisin blanc à son réveil le 1er janvier)
Vigne vierge
Vin (rêver de vin ou de vigne, renverser du)

## W

Whisky (répandre sur des branches de frêne et les accrocher à la porte des maisons)

## X

Xiphophore

## Z

Zircon

# Les porte-bonheur de l'amour

## A

Aigue-marine
Aimant
Alexandrite
Alouette
Amande
Améthyste
Anis
Anneau
Armoise

## B

Bas (ou collants emmêlés)

## C

Cadenas (fermant un bracelet ou un anneau)
Caille (cœur de)
Ceinture (porter une ceinture tordue)
Cerf (poudre de bois de)
Chanvre (corde, fil de)
Chardon séché
Chat noir
Cheveux (mèche de)
Chewing-gum (offrir du)
Chrysolithe (offerte en songe)
Coccinelle
Cœur (amulette en forme de)
Colombe
Coquelicot (faire claquer un pétale de)
Coudrier (noisetier) (cueillir ensemble des noisettes)

## D

Diamant
Dispute (se disputer neuf fois au sein d'un couple)

## É

Émeraude (se faire offrir une émeraude)
Épée (rêver d'une)
Épervier (rencontrer un)
Épingle à nourrice (en or ou en argent)

première fois)
Soupirer (beaucoup)
Sous-vêtements (qui glissent)

## T

Tablier (qui s'est défait tout seul, le perdre)
Topaze (recevoir en cadeau un bijou serti d'une)
Tortue (offrir une)
Tourmaline
Tourterelle
Trèfle (à quatre feuilles)
Triangle (triangle divin)
Turquoise

## V

Vendredi (envoûtements, affaires de cœur)

# Les porte-bonheur qui attirent l'argent

## A

Amande
Arc-en-ciel
Argent (pièce de monnaie)

## B

Bague de la fortune
Bélier
Blanc
Bûche (un tison qui roule depuis la cheminée)
Buis béni

## C

Cèdre (branche)
Cerf-volant (lucane, tête de)
Charbon de bois
Chat (levant la patte droite ; gris, noir, tigré)
Cheval (crottin devant sa porte)
Cheville (démangeaison à la droite)
Chèvrefeuille (brûler une bougie dans du chèvrefeuille en fleur)
Chrysolithe (en bague à l'annulaire gauche)
Clef (trousseau qui rouille)
Corail (rêver de se faire offrir un bijou serti de)
Corde (avoir un morceau de corde dans son portefeuille)
Cornaline

## D

Dé (toujours en avoir un sur soi)
Diamant (rêver de)

## E

Émeraude (rêver de)
Excréments (marcher du pied gauche dans des)

## F

Faucon (apparition d'un)

## G

Gingembre (en avoir en poudre dans ses poches ou sur des pièces de monnaie)
Giroflier (clou de girofle, fumigations de)

## H

Héliotrope
Houx

## J

Jasmin blanc
Jupe (déchirer un jupon neuf)

## L

Lampe (lampe à huile qui charbonne)
Lapis-lazuli
Lion (peau de, voir une lionne sauvage en liberté)
Lit (orienté est-ouest, la tête dirigée vers l'est)
Lune (avoir de l'argent sur soi à la nouvelle lune)
Luzerne (en avoir chez soi)

## M

Main (démangeaison de la)
Maison (emménager pendant une tempête : fortune assurée)
Marronnier (envelopper un marron dans un billet)
Mouche (qui se pose trois fois sur vous)

## N

Nez (chatouillement du)

## O

Obélisque (en voir une en voyage)
Œil-de-tigre

## P

Pain noir moisi (manger du)
Papillon (premier papillon de l'été jaune, blanc)
Pêcher (tenir dans sa main un poisson vivant que l'on vient de pêcher)
Pierre (avec une tache en forme d'étoile)
Pierre précieuse (rêver de recevoir en cadeau une)
Pipe (faire des ronds de fumée avec sa, laisser tomber sa)
Poisson (écaille de, tenir un poisson vivant)
Porte-monnaie (toujours avoir une pièce dedans)
Pou (rêver de)
Putois (qui traverse un chemin en formant une croix : fortune dans l'année)

## R

Rubis (gravé d'un dragon)

## S

Saphir
Sardoine
Sel (en avoir beaucoup chez soi)
Sésame (pot rempli de graines de)
Sucre (glissé dans le portefeuille)
Suie (chute de)

## T

Tache de naissance (dans le dos)
Thé (brûler des feuilles de)
Topaze jaune
Trèfle (à quatre feuilles)
Treize
Turquoise

## V

Vigne (manger du raisin sec le jour de l'An)
Vin (renverser du vin et se toucher le front après avoir trempé son doigt dans la tache)

# Les porte-bonheur du marin

## A

Ail

## B

Bouc (peau de)
Brûler un objet combustible provenant d'un autre bateau conjure le sort

## C

Chat (en avoir deux)

## F

Farine (utilisée pour détourner la malchance)
Fer à cheval (accroché au mât)
Figures de proue

## G

Gui (en haut des mâts)

## O

Œil d'Horus (peint sur chaque côté de l'étrave)

Or (porter un anneau d'or l'oreille pour se protéger des naufrages, pièce d'or sous le mât)

## P

Pêche (voler un objet sur un bateau de pêche voisin)
Pierre (en attacher à la proue pour éloigner les mauvais esprits)

## T

Trèfle à quatre feuilles (garantit un voyage tranquille)
Trouer les voiles (éloigne les esprits, Chine)

# Les porte-bonheur des joueurs

## A

Abeille
Argent
Aveugle (croiser un)

## B

Blaireau (dent de)
Bois (morceau de, toucher du)

## C

Camomille (infusion)
Cartes à jouer (selon celui qui coupe, malheur ou bonheur)
Cerf-volant (lucane, tête de)
Chaise (cracher sous sa)
Chapeau (retourner son)
Charbon de bois
Chat noir (poils de)
Chemise (faire un nœud à sa)
Cheval (avec une étoile sur le front et un seul « bas blanc » visible, dans les courses de chevaux)
Cheveux (boucle de)
Clef (en avoir sur soi)
Clou (rouillé)
Cornes (faire le signe des cornes dans le dos)

## D

Dé (gagner aux dés, souffler ou cracher dessus, les frotter sur une personne rousse, les passer sur des seins ou des organes génitaux)
Doigts (croiser les)

## E-F

Épingle (piquer sa robe ou son pantalon d'une)
Fougère (graines de)

## G

Gant (trouver une paire de gants)

## J

Jouer pour la première fois

## L

Lézard (entier ou seulement la queue)

## P

Parisette (rhizome séché)
Pendu (corde de)

## R

Roitelet (plume de)

## S

Serpent (peau de)

## T

Taupe (os de)
Trèfle (à quatre feuilles, à cinq feuilles)

# Porte-bonheur des maisons

## A

Angélique

## V

Vache (sabots enfouis sous le montant d'une porte)
Verrou (embrasser les verrous d'une maison dans laquelle on entre pour la première fois)
Verveine (pied de verveine sauvage, arroser la maison de jus de verveine et d'eau lustrale, fixer une croix en branches de verveine sur la porte)
Vigne vierge
Vipère (accrocher une peau à la cheminée)

## W

Whisky (accrocher des branches de frêne, arrosées par du whisky, sur la porte)

# Porte-bonheur du voyageur

## A

Agnus-dei
Ail
Algue

## B

Bâton du voyageur
Blanc (ruban ou fleur)

## C

Calcédoine
Chat à la fourrure luisante
Chicorée (racine)

## D

Derrière (ne pas regarder en arrière lorsque l'on part)
Doigt (pincer le pouce de quelqu'un qui part en voyage)
Direction (aller d'est en ouest et de gauche à droite)

## E

Escargot (en jeter un par-dessus l'épaule gauche en partant en voyage)

## F

Fleur (porter une fleur blanche en voyage)
Frêne (bois ou feuilles de)

## J

Jais

## M

Mouche (qui semble vous poursuivre)
Mercredi (partir un)

## O

Oublier quelque chose

## P

Pâques (ne pas voyager pendant)
Pierre (jeter un caillou après avoir cracher dessus)
Pierre de lune
Pipe (partir avec des morceaux de)
Poisson (bague à l'effigie de)
Porc (rencontre d'une truie avec ses porcelets)
Poule blanche (sacrifier une)

## R

Raton laveur (voir un)
Rue (se frotter les pieds de rue pilée dans de l'huile d'olive)

## S

Samedi (partir un)
Seau (renverser un seau d'eau derrière quelqu'un qui part en voyage)
Soleil (tourner son corps vers le)
Souci (porter dans sa poche une fleur de)
Sureau (bâton du voyageur)

## T

Tourmaline

# BIBLIOGRAPHIE


- Abbé Pierrot, *Dictionnaire de théologie morale présentant un exposé complet de la morale chrétienne, contenant une règle de conduite pour les principales circonstances de la vie*, 1849.
- Al-Buni, *Shams al-Ma'arif*, XIIIe siècle.
- Al-Kindi, *De radiis stellarum*, IXe siècle.
- Dr I. Alibert et A. Aymar, « Préhistoire et Folklore. Amulette paléolithique », *Bulletin de la Société préhistorique française*, vol. 17, n° 7, 1920, p. 173-174. Consulté en août 2020 sur www. persee. fr/doc/ bspf_0249-7638_1920_num_17_7_7534.
- Marie-Thérèse d'Alverny et Françoise Hudry, « Al-Kindi, *De radiis* », *Archives d'histoire doctrinale et littéraire du Moyen Âge*, vol. 41, 1974, p. 139-260. Consulté en septembre 2020 sur www. jstor. org/ stable/44403220.
- Laura Battini, « Amulettes, cachets et sceaux cylindres », dans *Sociétés humaines du Proche-Orient ancien*,

09/02/2019. Consulté en août 2020 sur ane. hypotheses. org/6780.

Philippe de Beaumanoir, *Coutumes de Beauvaisis*, 1283.

Giordano Bruno, *L'Infini, l'Univers et les Mondes*, 1584.

Dominique Champault, « Un collier d'enfant du Sahara algéro-marocain », *Journal de la Société des Africanistes*, nº 26, 1956, p. 197-209. Consulté en septembre 2020 sur www. persee. fr/doc/jafr_0037-9166_1956_num_26_1_1942.

Auguste Debay, *Histoire des sciences occultes depuis l'Antiquité jusqu'à nos jours*, 1860.

André Dupont-Sommer, « Le syncrétisme religieux des Juifs d'Éléphantine d'après un ostracon araméen inédit », *Revue de l'histoire des religions*, nº 130, 1945, p. 17-28. Consulté en septembre 2020 sur www. jstor. org/stable/23665664.

René Guénon, *Le Symbolisme de la Croix*, 1931.

Éliphas Lévi, *Dogme et rituel de la haute magie*, 1854-1861.

Jean Maspero, « Bracelets-amulettes d'époque byzantine », *Annales du Service des Antiquités de l'Égypte*, t. 9, 1908, p. 246-258.

- Paul Pallary, « Les Amulettes arabes », *Bulletins et mémoires de la société d'anthropologie de Paris*, n° 12, 1889, p. 26-34. Consulté en août 2020 sur www. persee.fr/doc/bmsap_0301-8644_1889_num_12_1_6423.
- Paracelse, *Les Sept Livres de l'Archidoxe magique*, traduction de Marc Haven, 1983.
- Thabit ibn Qurra, *De imaginibus*, IXe siècle, première trad. latine vers 1130.
- Salomon Reinach (Salomon), *Pierres gravées*, Paris, Didot, 1895.
- Charles-Émile Ruelle, *Hermès Trismégiste, le livre sacré sur les décans*, 1908.
- « De mirabilibus mundi », *Albertus Magnus (Le Grand Albert)*, composé entre le XIIIe et le XVIe siècle, éd. de référence 1703.
- *Les Épîtres des Frères de la pureté* (*Rasa'il al-Ikhwan al-Safa'*), IXe-Xe siècle.

# Déjà parus
# dans la collection Oseleso

**Les Pouvoirs**
**de l'astrologie celtique**
Découvrez la magie de
votre arbre protecteur
Hermine Deniaud
Paru en octobre 2019

**Les Expériences de**
**mort imminente**
Quand la science envisage
l'impossible
Catherine Piraud-Rouet
Paru en novembre 2019

**Les Pouvoirs de la loi**
**d'attraction**
Les clés mystiques pour
transformer votre vie
Rachel Villecroze
Paru en janvier 2020

**À l'aube**
**d'une transformation**
Messages de l'au-delà
pour sauver l'humanité
Clesios
Paru en mars 2020

# Déjà parus
# dans la collection Oseleso

**Le Monde des esprits amérindiens**
À la découverte
de votre animal totem
Emara Lino
Paru en juillet 2020

**Le Pendule divinatoire**
Maîtrisez l'art
de la radiesthésie
Lou Sylvereal
Paru en juillet 2020

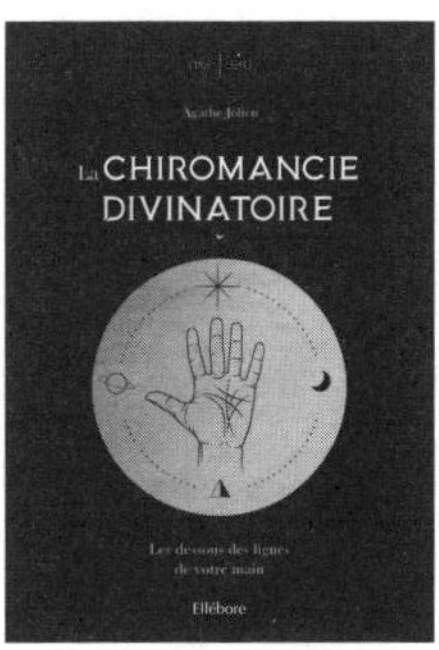


**La Chiromancie divinatoire**
Les dessous des lignes
de votre main
Agathe Jolien
Paru en septembre 2020

**Les Secrets de la numérologie prédictive**
Une formation pas à pas
pour des réponses rapides,
datées et précises
Zicenzo
Paru en octobre 2020

Dépôt légal : janvier 2021.

Achevé d'imprimer par la Nouvelle Imprimerie
Laballery en décembre 2020.
N° d'impression : 012235

La Nouvelle Imprimerie Laballery est titulaire
du label Imprim'Vert.